AUTORE

Luigi Manes è nato a Milano il 18 luglio 1966 ed è laureato in Economia Aziendale. Da sempre interessato alla storia della Seconda Guerra Mondiale, nel 2018 ha pubblicato il suo primo libro, "Italia 43-45 – I mezzi delle unità cobelligeranti" (Mattioli 1885), scritto a quattro mani con Paolo Crippa, seguito poco dopo da "Carri armati Sherman in Sicilia" (Edizioni Ardite), realizzato insieme a Lorenzo Bovi. Con Soldiershop ha pubblicato i seguenti volumi: "Il carro armato medio Sherman nel teatro bellico europeo" (2019), "Le cingolette britanniche della Seconda Guerra Mondiale" (2019), "Reparti corazzati jugoslavi 1940-1945" (2020, scritto con Paolo Crippa), "Il Gruppo di Combattimento Legnano" (2021), "Carri Armati Partigiani" (2022, con Paolo Crippa) e "Le unità albanesi della Seconda Guerra Mondiale" (2023). Ha inoltre realizzato vari articoli per la rivista di modellismo militare "Steel Art" e per il sito "Modellismo Più". Appassionato di calcio, è un grande tifoso dell'Inter.

PUBLISHING'S NOTES

None of unpublished images or text of our book may be reproduced in any format without the expressed written permission of Luca Cristini Editore (already Soldiershop.com) when not indicate as marked with license creative commons 3.0 or 4.0. Luca Cristini Editore has made every reasonable effort to locate, contact and acknowledge rights holders and to correctly apply terms and conditions to Content.
Every effort has been made to trace the copyright of all the photographs. If there are unintentional omissions, please contact the publisher in writing at: info@soldiershop.com, who will correct all subsequent editions.
Our trademark: Luca Cristini Editore©, and the names of our series & brand: Soldiershop, Witness to war, Museum book, Bookmoon, Soldiers&Weapons, Battlefield, War in colour, Historical Biographies, Darwin's view, Fabula, Altrastoria, Italia Storica Ebook, Witness To History, Soldiers, Weapons & Uniforms, Storia etc. are herein © by Luca Cristini Editore.

LICENSES COMMONS

This book may utilize part of material marked with license creative commons 3.0 or 4.0 (CC BY 4.0), (CC BY-ND 4.0), (CC BY-SA 4.0) or (CC0 1.0). We give appropriate attribution credit and indicate if change were made in the acknowledgments field. Our WTW books series utilize only fonts licensed under the SIL Open Font License or other free use license.

For a complete list of Soldiershop titles please contact Luca Cristini Editore on our website: www.soldiershop.com or www.cristinieditore.com. E-mail: info@soldiershop.com

Titolo: **LA 28ª BRIGATA GARIBALDI "MARIO GORDINI"** Code.: **WTW-066 IT**
Di Luigi Manes
ISBN code: 979125589XXXX. Prima edizione: aprile 2025.
Lingua: Italiano; dimensione: 177,8x254mm Cover & Art Design: Luca S. Cristini

WITNESS TO WAR (SOLDIERSHOP) is a trademark of Luca Cristini Editore, via Orio, 33D - 24050 Zanica (BG) ITALY.

WITNESS TO WAR

LA 28ª BRIGATA GARIBALDI "MARIO GORDINI"

PHOTOS & IMAGES FROM WORLD WARTIME ARCHIVES

LUIGI MANES

BOOKS TO COLLECT

INDICE

Introduzione..5

Costituzione e attività della 28ª Brigata GAP "Mario Gordini"...7

La liberazione di Ravenna e la "Battaglia delle Valli"...19

La 28ª Brigata Garibaldi "Mario Gordini"..33

La Brigata "Mario Gordini" entra in linea..39

La Brigata "Mario Gordini" partecipa all'offensiva finale alleata sul fronte italiano............65

Fine delle operazioni e scioglimento della Brigata..75

Bibliografia..98

INTRODUZIONE

La 28ª Brigata Garibaldi *"Mario Gordini"* fu insieme alla Divisione *"Modena"* e alla Brigata *"Maiella"*, una delle grandi formazioni della Resistenza inserite nel dispositivo alleato durante la campagna d'Italia. Sebbene d'ispirazione comunista, questa unità annoverò nelle sue file anche azionisti, cattolici, repubblicani, socialisti, apolitici.

Inizialmente costituita come Brigata GAP (Gruppi di Azione Patriottica), fu intitolata a Mario Gordini, personalità di spicco del partigianato ravennate, Medaglia d'Argento al Valor Militare alla memoria. Nato nel 1911 e proveniente da una famiglia di mezzadri, Gordini fu membro del comitato federale del Partito Comunista d'Italia di Ravenna. Nel 1937 tentò invano di lasciare l'Italia per trasferirsi in Spagna e arruolarsi nelle Brigate Internazionali che combattevano in appoggio al governo repubblicano contro i nazionalisti. Nel 1938 il contadino comunista fu arrestato e condannato a sei anni di reclusione. Imprigionato nel carcere di Civitavecchia (RM) fino all'esautorazione di Benito Mussolini, dopo l'Armistizio si dedicò alla lotta armata. Nell'ottobre del 1943 attentò alla vita di un console della Milizia. Catturato dai fascisti fu fucilato a Forlì (FC) nel gennaio del 1944.

Intimamente connessa alla 28ª Brigata Garibaldi è la figura di colui che ne divenne comandante, Arrigo Boldrini. Ravennate come Gordini, classe 1915, Boldrini iniziò a lavorare come perito agrario. Nell'ottobre del 1935 fu chiamato alle armi e inviato alla scuola allievi ufficiali di Fano (PU) presso il 94° Reggimento di Fanteria *"Messina"*. Nel maggio del 1936, conclusosi il corso, ottenne la nomina ad aspirante ufficiale di complemento e nel mese successivo fu destinato all'11° Reggimento di Fanteria *"Casale"* con sede a Forlì. A novembre si congedò e nel 1937 passò nei ruoli di complemento della Milizia come sottocapo manipolo. In quel medesimo anno cominciò a lavorare presso la società Eridania di Mezzano, in provincia di Ravenna. Poco dopo, ebbe i primi contatti con esponenti comunisti. Iniziò così ad occuparsi di marxismo e delle vicende della guerra civile spagnola ma senza tradurre tali interessi in un concreto impegno politico. Rimasto senza lavoro, nel 1939 si iscrisse alla Facoltà di Economia e Commercio dell'Università di Bologna ma non riuscì a conseguire la laurea.

Nonostante il Comando della Milizia Volontaria per la Sicurezza Nazionale di Ravenna lo avesse destinato alla 121ª Legione Ordinaria *"Caio Marzio Coriolano"* a Littoria (l'odierna Latina), Boldrini riuscì ad ottenere un congedo per motivi di salute. Alla fine del 1940 fu assunto in qualità di impiegato presso la Cerealicoltura della città laziale. Qualche mese dopo fu trasferito alla sezione della Cerealicoltura di Padova e successivamente a quella di Napoli, ove rimase fino al mese di giugno del 1942 quando fu richiamato alle armi. Nella primavera del 1943 era arruolato con il grado di tenente di complemento nel 120° Reggimento di Fanteria della Divisione *"Emilia"*, di stanza in Jugoslavia. Ammalatosi, ottenne una licenza di convalescenza e il 20 luglio 1943 fu rimpatriato con destinazione Bari per essere ricoverato in ospedale.

Proprio nella città pugliese, il 28 luglio, appena dimesso e in procinto di rientrare in caserma, Boldrini si imbatté in un gruppo di manifestanti in fuga. Si trattava in gran parte di giovani studenti e di insegnanti che avevano marciato pacificamente per chiedere la scarcerazione dei detenuti politici. Alcuni reparti del Regio Esercito avevano sparato sul corteo, in applicazione delle durissime disposizioni emanate dal generale Mario Roatta, confermato Capo di Stato Maggiore dal Primo Ministro Pietro Badoglio, miranti a reprimere qualsiasi atto teso a turbare l'ordine pubblico. Rimasero sul terreno 20 morti e 50 dimostranti furono feriti. Il giovane tenente romagnolo fu profondamente scosso da quel tragico evento e avvertì immediatamente l'esigenza di tornare a casa e valutare quali azioni intraprendere in vista dell'incerto futuro. L'8 agosto giunse finalmente a Ravenna ove entrò in contatto con alcuni importanti esponenti comunisti del luogo, tra i quali Giuseppe D'Alema, padre di Massimo che sarà Presidente del Consiglio dei ministri della Repubblica italiana dal 21 ottobre 1998 al 26 aprile 2000. Dopo la liberazione di Ravenna, Boldrini guidò la 28ª Brigata Garibaldi dal dicembre del 1944 fino alla smobilitazione, avvenuta il 20 maggio 1945.

Fu egli stesso a svelare come nacque il suo nome di battaglia, sicuramente uno dei più leggendari nell'ambito della Resistenza italiana, grazie all'idea di un barbiere comunista: *"Michele Pascoli, studioso di storia, con il quale diverse volte ho discusso del periodo napoleonico e della fine dell'imperatore a Waterloo, mi impone il soprannome di «Bülow» ricordando alcune mie frecciate scherzose ed ironiche contro Napoleone per la sconfitta del 18 giugno 1815. Per polemica contrapponevo alla genialità militare dell'imperatore la capacità del prussiano Friedrich Wilhelm Bülow, che con Gebhard Leberecht Blücher e Wellington fu tra gli artefici della vittoria degli eserciti anglo-prussiani. Michele, con pungente ironia, insiste anche perché Bülow si pronuncia come una parola dialettale che significa «avventuroso, borioso, uno che ha voglia di menar le mani». Che dire! Non mi resta che accettare, senza entusiasmi. Questo soprannome tedesco davvero non mi piace. Rappresenterà poi un gustoso diversivo nei confronti dei vari fascisti e degli alleati, convinti di avere a che fare con un transfuga di origine teutonica"* (da *Diario di Bulow*, op. cit.).

Il 4 febbraio 1945 a Ravenna, il generale Richard McCreery, comandante dell'8ª Armata britannica appuntò sul petto di Arrigo Boldrini la Medaglia d'Oro al Valor Militare. Così recita la motivazione dell'onorificenza:

> *"Ufficiale animato da altissimo entusiasmo e dotato di eccezionale capacità organizzativa, costituiva in territorio italiano occupato dai tedeschi due brigate di patrioti che guidava per più mesi in rischiose e sanguinose azioni di guerriglia. Nell'imminenza dell'offensiva alleata nella zona, sosteneva alla testa dei propri uomini e per più giorni consecutivi, duri combattimenti contro forti presidi tedeschi, agevolando così il compito delle armate alleate. Successivamente, con arditissima azione, costringeva il nemico ad abbandonare una importante località portuale adriatica che occupava per primo. Benché violentemente contrattaccato da forze corazzate tedesche e ferito, manteneva le posizioni conquistate, contrastando con inesauribile tenacia la pressione avversaria. Si univa quindi con i propri uomini alle armate angloamericane con le quali continuava la lotta per la liberazione della Patria.*
> *Ravenna (Porto Corsini), 15 novembre - 7 dicembre 1944".*

Terminata la guerra, nel 1945 Boldrini fu eletto alla Consulta Nazionale. Fu deputato alla Costituente e alla Camera dal 1948 al 1976, poi senatore dal 1976 al 1994. Il parlamentare comunista fu inoltre vicepresidente della Camera dal 1968 al 1976 e per due volte rivestì la carica di vicepresidente della Commissione difesa della Camera. Fu presidente dell'Associazione Nazionale Partigiani d'Italia dal 1947 al 2006. Morì nel gennaio 2008.

COSTITUZIONE E ATTIVITA' DELLA 28ª BRIGATA GAP "MARIO GORDINI"

Negli ultimi due giorni dell'agosto 1943 si tenne a casa di Arrigo Boldrini, a Ravenna, una riunione alla quale parteciparono esponenti comunisti di Alfonsine (RA). Nel corso dell'incontro furono discusse le modalità di reperimento dell'armamento e l'organizzazione della lotta armata. Nella più grande città della Romagna i primi concreti benché isolati atti di ribellione contro gli occupanti ebbero luogo nel periodo immediatamente successivo all'Armistizio[1]. Alcuni militari tedeschi furono fermati e disarmati dai partigiani i quali riuscirono anche a impadronirsi di armi custodite presso le caserme e i depositi della città. Alla fine di settembre del 1943 era operativo un comitato provinciale militare del Partito Comunista costituito da Mario Gordini, Gino Gatta (nome di battaglia *Zalet*) e Genunzio Guerrini (nome di battaglia *Gianò*)[2]. Il territorio del ravennate, caratterizzato dalla presenza di scarse e non particolarmente elevate alture su una landa estesa e costellata da centri abitati, apparve ai capi della Resistenza inidoneo alla condotta di una guerriglia su larga scala quale quella praticabile in montagna. Ad eccezione dei gruppi operanti nelle colline del faentino e del forlivese per numerose unità partigiane risultò pressoché impossibile usufruire di basi sicure.

Emerse così la questione della *"pianurizzazione"* ovvero dell'opportunità di privilegiare in ogni caso la lotta in pianura, dove si trovava ed agiva il nemico, nonostante l'impossibilità di avvalersi delle più tradizionali ed efficaci difese naturali. Arrigo Boldrini caldeggiò questa prospettiva, ritenendo che la popolazione delle campagne avrebbe appoggiato la Resistenza. La profonda conoscenza dei luoghi da parte dei ribelli avrebbe comunque consentito sia di attaccare sia di difendersi, sfruttando la peculiare configurazione del terreno, contraddistinta dalla presenza di fiumi, canali e aree coltivate, sovente delimitate da siepi e fossati.

Il 29 ottobre 1943, a Ravenna, Mario Gordini tese un attentato al console della Milizia Michele Troiano, ai cui ordini era stato posto il 635° Comando provinciale della Guardia Nazionale Repubblicana. Poche settimane dopo ebbero inizio le prime rappresaglie contro i patrioti. In quell'autunno i vertici partigiani elaborarono una più efficiente ripartizione del territorio provinciale attraverso la definizione di zone operative (alcune delle quali previste fin dal mese di luglio). Al fine

---

1 Così ricorda Arrigo Boldrini il giorno dell'Armistizio a Ravenna: *"La sera dell'8 settembre mi reco al caffè «Grande Italia», in Piazza del popolo, dove prima della guerra ci si ritrovava in parecchi amici. Il gestore del locale, un anziano antifascista, Gigi Laghi, mi consiglia benevolmente di stare molto attento e poiché sono armato gli consegno la pistola d'ordinanza per potermi recare in Piazza Garibaldi dove si stanno concentrando molti cittadini. Bucina (Angelo Siboni) studente della facoltà di giurisprudenza, di tendenze liberali, con diversi amici mi sollecita a parlare alla folla. Ho un momento di timor panico e poi d'impulso prendo la parola inneggiando alla libertà conquistata e indico che bisogna cacciare i tedeschi e i fascisti. Un discorso? No, poche parole ma pronunciate con profonda convinzione. Mentre la polizia interviene per caricare i dimostranti, mi aiuta a fuggire Lina Vacchi, operaia della fabbrica Callegari, che mi porta in bicicletta in via Oberdan, dalla cara famiglia amica di Antonietta ed Ermanno Castaldi"* (Arrigo Boldrini, *Diario di Bulow*, Vangelista Editore, Milano 1985, p. 16).

2 Gino Gatta (*Zalet*) nacque nel 1909 a Campiano (Ravenna). Schedato come comunista, fu costretto a rifugiarsi in Francia nel 1937. Rientrato in Italia, dopo l'8 settembre divenne membro del comitato federale del PCI di Ravenna, del comitato provinciale militare e comandante provinciale delle Squadre di Azione Partigiana (SAP). Ricoprì la carica di commissario politico della 28ª Brigata Garibaldi *"Mario Gordini"*. Fu decorato con Medaglia d'Argento al Valor Militare alla memoria nel 1983. Genunzio Guerrini (*Gianò*) nacque nel 1904. Iscritto al Partito Comunista d'Italia fin dal 1921, prese parte alla lotta partigiana in qualità di commissario politico della 28ª Brigata GAP (Gruppi di Azione Patriottica) e in seguito della 28ª Brigata Garibaldi *"Mario Gordini"*.

di agevolare l'inquadramento dei combattenti, tali zone[3] furono a loro volta suddivise in settori ai quali corrispondevano comitati militari e politici del Partito Comunista Italiano.

Il 22 dicembre 1943 Ilio Barontini[4] (nome di battaglia *Dario*), reduce da esperienze nel campo della resistenza armata maturate in Cina, Etiopia, Spagna e Francia raggiunse Ravenna per incontrarsi con Mario Gordini, Gino Gatta e Arrigo Boldrini allo scopo di vagliare l'operato del partigianato locale. Nell'occasione i capi della Resistenza furono invitati a intensificare la lotta. Il mese di gennaio del 1944 si rivelò particolarmente tragico: Mario Gordini e Settimio Garavini, dirigente del Partito Comunista, furono giustiziati.

All'inizio del nuovo anno la scelta della *"pianurizzazione"* poté dirsi definitivamente sancita. In tale contesto prese il via un'opera di sabotaggio che si concretizzò nell'interruzione delle linee telefoniche, nella rimozione della segnaletica stradale, nel danneggiamento degli automezzi nemici. Fu inoltre esperito un particolare tentativo diretto a migliorare l'efficienza di tutto il movimento partigiano ravennate: Boldrini fu invitato a Lugo (RA) da Tino Baracca, antifascista vicino al movimento *Giustizia e Libertà* e imparentato con Francesco Baracca, asso dell'aeronautica italiana nella Prima Guerra Mondiale, allo scopo di discutere con Giovanni de Lorenzo[5], ufficiale del Regio Esercito di fede monarchica in clandestinità, in merito alla disponibilità di quest'ultimo a contribuire alla preparazione militare dell'8ª Brigata Garibaldi, formazione operante nell'appennino romagnolo dal tardo autunno del 1943. Il colloquio si risolse però in un nulla di fatto.

Nei mesi di febbraio e marzo del 1944 i GAP (Gruppi di Azione Patriottica) del capoluogo romagnolo furono in grado di sferrare alcuni colpi di mano coronati da successo. In considerazione delle difficoltà legate all'attuazione nelle campagne di una guerriglia simile a quella tipicamente condotta dai GAP in città, i capi partigiani ravennati accarezzarono l'idea di costituire dei nuclei "volanti" deputati a colpire rapidamente i nemici muovendo da rifugi sapientemente occultati. Nell'aprile 1944 furono creati i primi gruppi di questo tipo. Nel frattempo, l'8ª Brigata Garibaldi duramente provata da azioni di rastrellamento subì una forzata riorganizzazione e molti dei suoi elementi furono inviati in pianura al fine di essere destinati a nuovi e differenti incarichi.

A primavera inoltrata cominciarono i preparativi per la creazione di una grande organizzazione partigiana della provincia di Ravenna, la 28ª Brigata GAP[6]. Il 7 giugno 1944 Boldrini incontrò l'amico d'infanzia Benigno Zaccagnini (nome di battaglia *Tommaso Moro*) nella canonica della parrocchia di Piangipane (Ravenna)[7], retta da Don Silvio Danesi, anch'egli presente alla riunione, richiesta

---

[3] Le zone operative del ravennate erano le seguenti: ZONA 1 *Ravenna*, ZONA 2 *Alfonsine*, ZONA 3 *Lavezzola*, ZONA 4/a *Conselice*, ZONA 4/b *Massa Lombarda*, ZONA 5 *Lugo*, ZONA 6 *Cervia e Ville Unite*, ZONA 7 *Bagnacavallo, Fusignano, Russi e Ville Disunite*, ZONA 8 *Brisighella, Casola Valsenio, Castel Bolognese, Faenza, Riolo Bagni*.

[4] Nella Francia occupata dai tedeschi, Ilio Barontini (nome di battaglia *Giobbe*), fu tra i coordinatori dei primi gruppi dei *Francs-tireurs partisans* dei quali divenne Capo di Stato Maggiore. Tornato in Italia dopo l'armistizio, assunto il nome di battaglia di *Dario*, divenne membro del Comando generale delle Brigate Garibaldi, le formazioni partigiane del Partito Comunista. Si occupò dell'organizzazione dei GAP nelle zone occupate dai nazifascisti. Dal 1944 fu alla testa del CUMER (Comando militare unificato Emilia-Romagna).

[5] Giovanni de Lorenzo partecipò alla Resistenza e nel 1954 fu nominato generale di brigata. Divenne noto per essere stato a capo del SIFAR (Servizio Informazioni Forze Armate) dal 1955 al 1962. In qualità di Comandante generale dell'Arma dei Carabinieri fece redigere il cosiddetto Piano Solo, attivabile in caso di emergenze riguardanti l'ordine pubblico, che contemplava una lista di personalità politiche da porre eventualmente in arresto. Dal 1966 fu Capo di Stato Maggiore dell'Esercito ma nell'anno successivo fu messo a riposo a causa delle deviazioni risultanti dall'attività del SIFAR sotto la sua direzione.

[6] Con la costituzione della Brigata avrebbe preso corpo l'idea di disporre di un'unica vasta organizzazione partigiana della provincia di Ravenna, diretta da un coordinamento centrale e provvista di una struttura militare decentrata.

[7] Nato a Faenza (RA) il 17 aprile 1912, all'ingresso in guerra dell'Italia Benigno Zaccagnini fu inviato nei Balcani. Tenente medico di complemento presso il 121° Reggimento di Fanteria *"Macerata"*, ricevette la Croce al Valor Militare per essersi distinto sul campo di battaglia sloveno il 2 ottobre 1942. Rientrato in patria, diresse a Ravenna un movimento resistenziale di ispirazione cristiano sociale (in seguito confluito nella Democrazia Cristiana) e dal marzo 1944 fu a capo del Comitato di Liberazione Nazionale della provincia ravennate. Nel 1946 Zaccagnini divenne membro dell'Assemblea Costituente.

dal Comitato di Liberazione Nazionale di Ravenna. Dalla discussione emerse l'esigenza di addivenire a un maggiore coordinamento politico-militare delle varie formazioni partigiane presenti sul territorio. Il 25 giugno Boldrini e altri capi della resistenza provinciale tra i quali Gaetano Verdelli (nome di battaglia *Nando*) ed Ennio Cervellati (nome di battaglia *Silvio*), avviarono la costituzione della Divisione Garibaldi "*Ravenna*" e procedettero alla formazione del comando della 28ª Brigata GAP che risultò costituito come segue: comandante Alberto Bardi (*Falco*), vicecomandanti Mario Verlicchi (*Wladimiro*) e Leonida Zannoni (*Leo*), commissario politico Genunzio Guerrini (*Gianò*), vice commissario politico Francesco Verlicchi (*Revel*). Per le SAP (Squadre di Azione Partigiana), Gino Gatta (*Zalet*) fu nominato comandante e Luigi Bonetti (*Radames*), commissario politico[8]. A luglio si decise di intitolare l'unità alla memoria di Mario Gordini. L'organico della Brigata era formato da cinque distaccamenti, ognuno attivo in aree ben definite, che portavano il nome di un partigiano caduto:

❖ Distaccamento "*Sauro Babini*"[9]

Comandante: Achille Filippi (*Franco*).
Commissario politico: Ivo Piolanti (*Annibale*).
Il gruppo, costituito da 119 partigiani, era dislocato tra il corso dei fiumi Lamone e Montone in una zona compresa tra le località di Bagnacavallo, Fusignano, Russi e Ville Disunite (RA).

❖ Distaccamento "*Aurelio Tarroni*"[10]

Comandante: Mario Verlicchi (*Wladimiro*).
Commissario politico: Francesco Ballardini (*Secondo*).
Il reparto, forte di 130 uomini, operava in un'area comprendente la città di Alfonsine che si estendeva tra i fiumi Lamone e Senio.
Mario Verlicchi fu, come si è letto, anche vicecomandante di brigata e nell'autunno del 1944 ebbe ai propri ordini una colonna costituita da combattenti provenienti dalla zona operativa di Alfonsine.

❖ Distaccamento "*Umberto Ricci*"[11]

Comandante: Hidalgo Tampieri (*Lampo*).
Commissario politico: Silvio Pasi (*Erlic*).

Dal 1948 al 1983 fu deputato della Repubblica Italiana, e dal 1983 al 1989 ricoprì la carica di senatore. Nel corso della sua attività politica Zaccagnini fu Ministro del lavoro e della previdenza sociale dal 15 febbraio 1959 al 25 marzo 1960 e Ministro dei lavori pubblici dal 26 marzo 1960 al 21 febbraio 1962. Dal 1975 al 1980 fu segretario nazionale della Democrazia Cristiana.

8 Il comando dell'intera Divisione "*Ravenna*" sarebbe stato affidato a Boldrini. È d'obbligo ricordare che il CUMER e gli altri organismi politici e militari della Resistenza romagnola non riconobbero mai ufficialmente l'esistenza di una Divisione che avrebbe dovuto comprendere unità di livello inferiore come le SAP o la 28ª Brigata GAP. Poco dopo, si procedette alla costituzione di un Battaglione, anch'esso chiamato "*Ravenna*", nella zona di Brisighella e Riolo Bagni (RA), per adempiere alle necessità legate alla guerriglia di montagna. Dopo aver condotto diverse azioni in pianura, questo reparto fu affiancato all'8ª Brigata Garibaldi.

9 Sauro Babini (nome di battaglia *Cetriolo*), nacque nel 1925 a Roncalceci (Ravenna). Entrato a far parte dell'8ª Brigata Garibaldi (2ª Compagnia), cadde in combattimento il 16 marzo 1944. Fu insignito di Medaglia d'Argento al Valor Militare alla memoria.

10 Operaio di fede comunista e partigiano, Aurelio Tarroni nacque ad Alfonsine nel 1907. Catturato nei pressi di Fusignano, venne fucilato a Ravenna il 23 aprile 1944. Nel dopoguerra fu decorato con Medaglia d'Argento al Valor Militare alla memoria.

11 Il distaccamento venne intitolato a Umberto Ricci (*Napoleone*) solo dopo il 25 agosto 1944. In quella data il gappista di Massa Lombarda (RA) fu giustiziato dai militi della Repubblica Sociale Italiana insieme a Natalina (Lina) Vacchi (*La Bionda*), operaia comunista e staffetta partigiana che contribuì in maniera determinante ad evitare l'arresto di Boldrini l'8 settembre 1943. Umberto Ricci fu decorato con Medaglia d'Argento, Natalina Vacchi con Medaglia di Bronzo.

Attiva in una zona delimitata dal corso dei fiumi Senio e Santerno che includeva le città di Conselice, Lavezzola, Massa Lombarda (RA) e in parte Lugo, la formazione disponeva di 106 uomini.

- ❖ Distaccamento *"Celso Strocchi"*[12]

Comandante: Sesto Liverani (*Palì*).
Commissario politico: Mario Badiali (*Mario*).

Il Distaccamento operava in un territorio racchiuso tra i fiumi Santerno e Lamone, nel quale si trovavano le località di Brisighella, Casola Valsenio, Castel Bolognese, Cotignola, Faenza, Lugo, Riolo Bagni (RA) ed era formato da 104 partigiani.

- ❖ Distaccamento *"Settimio Garavini"*[13]

Comandante: Primo Bandini (*Noco*).
Commissario politico: Angelo Giovannetti (*Il Moro*).

Il reparto, con 137 uomini, agiva nella vasta area della provincia di Ravenna detta Ville Unite, situata a sud dei Fiumi Uniti, corso d'acqua generato dalla confluenza dei fiumi Ronco e Montone, e nei pressi di Cervia (RA). In esso furono raggruppate quelle formazioni che fin dal settembre del 1943 avevano agito a sud di Ravenna. Dopo la morte di Bandini, avvenuta a fine ottobre 1944, il *"Garavini"* fu posto al comando di Ateo Minghelli (*Règan*)[14]. Ciascun distaccamento fu ufficialmente suddiviso in squadre di 16 uomini, nuclei di 8 e gruppi di 4.
Il 1° agosto 1944 al fine di poter contare su una forza partigiana di pianura più prossima alle città, in grado di fornire eventuale appoggio agli altri reparti di patrioti, si costituì un sesto distaccamento che prese il nome di Terzo Lori[15], caduto dell'8ª Brigata Garibaldi. Il Distaccamento *"Terzo Lori"* doveva stabilirsi nella cassa di colmata del Lamone, ambiente umido e in certa misura malsano, fra i canneti e gli argini. L'area di dislocazione del reparto si estendeva tra la Strada Romea (incompleta e non transitabile in alcuni tratti) e la rotabile che collegava il capoluogo romagnolo con Cà di Bosco e Sant'Alberto (RA). Il comando risultò composto come segue: Ulisse Ballotta (*Alfio*), da Alfonsine, comandante, Sebastiano Casali (*Tito*) vice comandante, Lino Bartolotti (*Roberto*) commissario politico, Andrea Montanari (*Jonio*) vice commissario politico.
Le prime azioni con esito positivo furono condotte soprattutto di notte. Le retrovie tedesche furono pesantemente colpite. Il 21 settembre 1944, Pietro Gaudenzi (*Bruno*), sostituì *Alfio*, afflitto da problemi di salute, al comando del *"Lori"*. Commissario politico divenne Andrea Montanari. Durante la notte del 29 settembre vari ponti, tra i quali quello sul Fiume Lamone lungo la strada tra Sant'Alberto e Ravenna, furono colpiti dai partigiani. L'innalzamento delle acque nell'area in cui era

---

12 Celso Strocchi, membro del comitato militare provinciale comunista, partigiano esperto di armamenti, prese parte alle prime azioni armate a Ravenna. Il giorno dell'attentato al console della Milizia Michele Troiano, Strocchi si trovava insieme a Mario Gordini. Imprigionato, fu eliminato con un colpo di pistola.

13 Settimio Garavini nacque nel 1914 a Castiglione di Ravenna. Di professione muratore, fu dirigente del movimento partigiano comunista nelle Ville Unite. Catturato assieme a Mario Gordini fu fucilato dai fascisti il 14 gennaio 1944.

14 Subito dopo la morte di Bandini il *"Garavini"* fu temporaneamente comandato da Brunetto Paganelli (*Giorgio*).

15 Nato il 4 luglio 1913 ad Alfonsine, Terzo Lori ricoprì la carica di commissario politico di una compagnia dell'8ª Brigata Garibaldi Romagnola, in seguito ribattezzata *"Romagna"*. Cadde in combattimento a Biserno di Santa Sofia (FC) l'11 aprile 1944. Il suo sacrificio fu ricompensato con una Medaglia d'oro. Non appare azzardato poter affermare che il *"Terzo Lori"* sia stato l'unico reparto anfibio della Resistenza italiana. Il noto giornalista ravennate Sergio Zavoli curò per la Rai un documentario intitolato *"L'armata delle valli"*, trasmesso nel 1966, nel quale sono raccolte le preziose testimonianze di importanti esponenti del *"Lori"* e di altre formazioni riconducibili alla Brigata *"Gordini"*.

acquartierato il *"Lori"* rese indifferibile il trasferimento di diverse squadre in spazi limitrofi e, in un certo senso, più ospitali. Un gruppo elesse a propria base operativa una piccola isola, quella detta *"degli Spinaroni"*[16], luogo praticamente inaccessibile a meno di disporre di mezzi idonei al superamento di numerosi canali. Gli uomini dovettero adattarsi a vivere in buche celate da teli mimetici e la sede del comando fu collocata in un capanno da pesca. Incredibilmente i tedeschi non riuscirono mai a individuare correttamente l'accampamento partigiano. Le comunicazioni radio con gli anglo-americani avvenivano due volte al giorno, alle ore 10:00 e alle ore 16:00. L'isolotto ospitava inoltre un deposito per le vettovaglie e un'infermeria[17]. Ai partigiani si unì il Professor Alfredo Badiali che coadiuvato dal figlio Carlo, studente di medicina, divenne responsabile sanitario della formazione. Molti degli uomini che affluirono al *"Lori"* erano privi di cognizioni militari. Una simile lacuna fu affrontata con spirito innovativo: occorreva acquisire la necessaria esperienza sul campo.

Si aggregarono poi al Distaccamento anche alcuni stranieri, sovietici disertori dell'esercito tedesco e un militare francese, con i quali gli italiani stabilirono fin da subito un'ottima intesa. Pietro Gaudenzi narra che le armi furono inizialmente in gran parte sottratte al nemico e solo in un secondo momento ottenute grazie ai lanci degli Alleati[18].

Ai primi di ottobre del 1944 lo schieramento tedesco a nord di Ravenna risultò notevolmente rafforzato. Un complesso e articolato sistema difensivo sbarrava l'accesso alla città a sud lungo il corso dei Fiumi Uniti, a est in prossimità della costa adriatica e a nord lungo il corso del Fiume Lamone. Postazioni di artiglieria, interruzioni di passaggi sui corsi d'acqua, allagamenti dei terreni, campi minati e fortificazioni costituivano una barriera quasi insormontabile. I comandi della *"Gordini"* insistettero presso gli Alleati per ricevere ulteriori rifornimenti.

Il 20 ottobre si affrontò per la prima volta la questione della liberazione di Ravenna, obiettivo che poteva essere conseguito esclusivamente grazie all'approvazione di un piano concordato con i britannici che avrebbe dovuto contemplare l'annientamento dei presidi tedeschi a settentrione del centro abitato. I distaccamenti della Brigata dovevano prepararsi all'imminente azione. L'organico del *"Lori"* contava in quel periodo 135 uomini distribuiti su 5 compagnie, ciascuna su 3 squadre. Ogni giorno, a una delle compagnie, a turno, veniva affidato un particolare incarico che poteva spaziare dalla ricognizione all'imboscata. Nelle ore notturne le pattuglie del Distaccamento erano impiegate principalmente in missioni sulla Via Reale (la Strada Statale 16) per colpire le autocolonne germaniche in movimento. Obiettivo privilegiato del *"Lori"* era Porto Corsini (RA), vicino caposaldo nemico dalle difese particolarmente munite. Il 31 ottobre 1944 il comando britannico richiese che una compagnia di partigiani del Distaccamento *"Garavini"* si aggregasse al *No 1 Demolition Squadron*, meglio noto come *Popski's Private Army*, di Wladimir Peniakoff *(Popski)*[19].

---

16 Tale denominazione identifica nel dialetto locale l'olivello spinoso, una pianta che un tempo ricopriva interamente la superficie dell'isolotto, situato nella Piallassa della Baiona, laguna salmastra a nord di Ravenna.

17 Il problema logistico fu in parte risolto grazie al prezioso apporto della popolazione civile. Ogni giorno, sfidando le avverse condizioni ambientali, varie imbarcazioni condotte da civili approdavano all'Isola degli Spinaroni con i loro preziosissimi carichi.

18 Il comandante Gaudenzi ricordò che a Porto Corsini (Ravenna) furono catturate due mitragliatrici. Il 12 novembre 1944 i partigiani si impadronirono anche di un cannone (provvisto di ben 72 colpi). Si trattava con ogni probabilità di un anticarro da 47/32 italiano che fu ampiamente utilizzato nel prosieguo delle operazioni. Il pezzo, mimetizzato con colore bianco secondo un reduce, a quanto pare andò perso nei dintorni di Mandriole (Ravenna), a sud delle Valli di Comacchio. Sull'Isola degli Spinaroni fu presente dall'ottobre 1944 una stazione radio. In appoggio ai partigiani operò infatti una missione dal nome in codice *Bionda*, costituita dal sottocapo radiotelegrafista Giuseppe Montanino, dal sottotenente Angelo Garrone e dal Marò Antonio Maletto. I tre militari italiani appartenevano al Reggimento *"San Marco"* (Nuotatori Paracadutisti). Un'altra stazione radio al servizio dei partigiani fu quella del Gruppo *Elvira*, attivo fin dal 19 luglio 1944.

19 Wladimir Peniakoff nacque in Belgio da genitori di origine russa nel 1897. Già artigliere dell'esercito francese durante la Grande Guerra, allo scoppio della Seconda Guerra Mondiale si arruolò come volontario nell'esercito britannico con il grado di sottotenente. Nominato comandante di una compagnia della *Lybian Arab Force* (unità strutturata in 5 battaglioni di volontari, essenzialmente libici rifugiati in Egitto), combatté nelle vicinanze di Tobruk. Nel maggio 1942 fu posto a capo del *Lybian Arab Force Commando*, un agile reparto costituito da 22 Senussi, 1 ufficiale arabo e 1 sergente britannico,

Se Ravenna fosse stata sottoposta a intensi bombardamenti le conseguenze sulla popolazione e sul patrimonio artistico sarebbero state devastanti. La liberazione della città parve un fatto realizzabile e così Arrigo Boldrini ritenne che era giunto il momento di illustrare il proprio punto di vista ai comandi alleati. Nella notte del 18 novembre 1944, *Bülow* e alcuni suoi compagni salparono dal litorale di Porto Corsini e alle ore 7:00 dell'indomani presero terra a Milano Marittima (RA). Raggiunta Viserba (Rimini), Boldrini partecipò a diversi incontri con il capo del servizio informazioni del comando del I Corpo d'Armata canadese guidato dal generale Charles Foulkes e con altri ufficiali del comando dell'8ª Armata britannica. Il comandante partigiano poté quindi esporre ai propri interlocutori le specificità del piano operativo che aveva elaborato:

1) I distaccamenti della *"Gordini"* e gli altri gruppi di patrioti avrebbero dovuto sferrare attacchi fulminei e veementi muovendo da diverse direzioni per dare al nemico l'impressione di essere aggredito da più parti, sfruttando le peculiarità del terreno date dalla presenza di valli, dalla mancanza di vie di comunicazione praticabili, dagli argini dei corsi d'acqua.

2) Gli Alleati avrebbero dovuto condurre l'offensiva principale contro i tedeschi e mantenere collegamenti costanti con i comandi partigiani.

Il maggiore dell'Intelligence britannica, Archibald Coulquhoun e il capitano londinese John Francis Rendall si mostrarono decisamente interessati alla proposta di Boldrini. Secondo Rendall la salvaguardia del patrimonio artistico ravennate non doveva essere subordinata alle esigenze della guerra.

---

attiva nell'area montuosa dello Jebel Akhdar, situata tra Bengasi e Derna. Fu il colonnello Shan Hackett, supervisore delle forze speciali britanniche nel Medio Oriente a incaricare Peniakoff di creare una piccola formazione motorizzata capace di gettare lo scompiglio nelle retrovie dell'Asse che si sarebbe chiamata *No 1 Demolition Squadron*. Tale denominazione non piacque però a Peniakoff, il quale nel frattempo aveva assunto il soprannome di *Popski*, affibbiatogli dai neozelandesi del *Long Range Desert Group* (unità speciale dell'esercito di Sua Maestà nata in Egitto nel 1940, alle dirette dipendenze del generale Archibald Wavell, incaricata di effettuare ricognizioni a lungo raggio, costituita da uomini provenienti da ogni parte dell'impero britannico e dotata di veicoli opportunamente modificati per i compiti da svolgere, soprattutto jeep e autocarri) con i quali aveva cooperato. Hackett propose quindi di battezzare il minuscolo raggruppamento come *Popski's Private Army (Esercito Privato di Popski)*. Nell'ottobre del 1942, esso constava di soli 17 uomini, forniti di 4 Jeep armate con mitragliatrici binate Vickers da 7,7 mm e 2 autocarri da 3 tonnellate di portata impiegati per il trasporto delle razioni alimentari, degli esplosivi e del carburante. In Africa settentrionale i "corsari" di Peniakoff tesero imboscate ai convogli nemici, distrussero velivoli a terra negli aeroporti, colpirono depositi di armi e combustibili. Il 9 settembre 1943 il *Popski's Private Army* sbarcò a Taranto insieme a elementi della 1ª Divisione Aerotrasportata britannica. Con 5 Jeep riarmate con mitragliatrici statunitensi Cal. 30 e Cal. 50, *Popski* operò dietro le linee tedesche anche in Italia. In un'occasione, i suoi uomini sbaragliarono un gruppo di genieri tedeschi intenti a minare un guado sul Fiume Fortore. Il passaggio fu preso e tenuto per consentire il transito dei carri armati della 4ª Brigata Corazzata britannica verso nord. Nell'autunno del 1943 il maggiore Peniakoff, coadiuvato da 2 capitani e 3 tenenti, aveva ai suoi ordini 74 uomini. Anche le dotazioni si arricchirono, permettendo di costituire 1 comando, 1 officina meccanica, 1 sezione trasmissioni, 1 sezione amministrativa e 3 pattuglie di 6 Jeep. Ogni pattuglia comprendeva 1 ufficiale, 1 sergente, 2 caporali, 1 meccanico, 1 marconista e 6 conducenti/mitraglieri. *Popski* incontrò per la prima volta i partigiani italiani nelle Marche, più precisamente a Bolognola, località nelle vicinanze di Sarnano (MC). Le azioni combinate con i patrioti locali furono soprattutto dirette a colpire le colonne tedesche in movimento lungo il Fiume Chienti. Alla metà di settembre del 1944 gli Alleati avevano sfondato la Linea Gotica ma l'opposizione del nemico non si era affievolita e faceva affidamento sugli ostacoli naturali dati dal fitto reticolo di corsi d'acqua che attraversava il territorio. *Popski* pensò allora di addestrare i propri uomini all'utilizzo dei *DUKW*, i celebri autocarri anfibi di produzione statunitense. Il 1° novembre, dopo aver attraversato il Fiume Savio, gli uomini di Peniakoff si imbatterono in un gruppo di partigiani della 28ª Brigata GAP *"Mario Gordini"*, agli ordini di Ateo Minghelli (*Règan*). Nacque così un forte sodalizio tra i gappisti e gli specialisti di *Popski*. In ogni pattuglia del *No 1 Demolition Squadron* furono aggregati dei patrioti. La collaborazione tra britannici e italiani funzionò egregiamente. Oltre alle 2 mitragliatrici di bordo che armavano le Jeep, ogni pattuglia era stata dotata di 2 fucili mitragliatori Bren, 1 bazooka e 1 mortaio da 2 inch. Il 4 dicembre 1944 il *Popski's Private Army* e parte del Distaccamento *"Garavini"* furono tra i primi reparti a fare ingresso in Ravenna. Proprio in tale frangente, nel corso di un duro scontro con i tedeschi, Wladimir Peniakoff perse la mano sinistra e fu temporaneamente sostituito al comando dell'unità dal capitano francese Jean Caneri. Dal 21 al 28 aprile 1945 i britannici in Jeep e i garibaldini romagnoli si batterono con grande determinazione nelle acque della laguna di Comacchio (RA) contro i tedeschi. Superati i fiumi Po e Adige, il *Popski's Private Army* poté catturare centinaia di prigionieri. A Chioggia (VE) *Popski* si riunì ai suoi soldati. Dopo aver fatto sfilare le proprie Jeep in Piazza San Marco a Venezia, la compagine agli ordini dell'indomito maggiore dell'esercito britannico mosse in direzione dell'Austria ove, sopraggiunto il termine del conflitto, fu disciolta.

Da tale intendimento nacque il nome in codice *"Teodora"*[20], assegnato all'operazione e ispirato all'appellativo dell'imperatrice bizantina ritratta sui mosaici della Basilica di San Vitale, proposto proprio dal capitano inglese. Il nemico era pronto a difendere Ravenna, rimasta ormai quasi deserta. Tedeschi e fascisti misero a frutto gli elevati argini dei fiumi Montone e Ronco a sud e in corrispondenza della confluenza dei due corsi d'acqua, quello dei Fiumi Uniti. A nord il Fiume Lamone agevolava i difensori poiché le sue acque erano al di sopra del livello di guardia e lungo la costa erano state erette fortificazioni per contrastare eventuali sbarchi. Uno degli episodi più singolari avvenuti nel periodo immediatamente precedente all'inizio dell'Operazione *"Teodora"* riguarda senza dubbio la liberazione della Basilica di Sant'Apollinare in Classe[21], situata a pochi chilometri a sud del capoluogo romagnolo.

Alcuni partigiani del Distaccamento *"Garavini"*, tra i quali Ateo Minghelli (*Règan*), appreso che gli alleati intendevano colpire il campanile della chiesa, utilizzato come osservatorio dai tedeschi, vollero impedirne la distruzione. Wladimir Peniakoff si schierò immediatamente dalla parte dei patrioti, con i quali collaborava da tempo e fece il possibile per procrastinare il bombardamento. Nella notte tra il 18 e il 19 novembre 1944, una pattuglia composta da 35 uomini, 25 del *Popski's Private Army* e 10 del *"Garavini"*, mossero in direzione della località di Classe (Ravenna). All'alba, il gruppo irruppe nell'abitato e le mitragliatrici che armavano le Jeep di Peniakoff aprirono il fuoco contro qualsiasi possibile bersaglio, centrando finestre, porte e tetti degli edifici nell'intento di colpire ogni soldato nemico che avesse trovato riparo in essi. I partigiani del *"Garavini"* riuscirono a entrare nella Basilica che però era stata abbandonata dal nemico. Alcuni tedeschi del presidio si erano arresi, altri erano fuggiti. Sant'Apollinare era salva.

▲ Partigiani del Distaccamento *"Terzo Lori"*. Isola degli Spinaroni, estate 1944.

---

20 Teodora (500 circa – Costantinopoli, 28 giugno 548), moglie dell'imperatore Giustiniano I, fu forse la più famosa tra le imperatrici bizantine. Dopo la morte del marito, avvenuta nel 525, regnò da sola per circa un ventennio.

21 La basilica paleocristiana fu eretta nel VI secolo d.C. per volere del vescovo Ursicino e fu dedicata al Santo Patrono di Ravenna. La sua distruzione fu evitata dalla vittoriosa e audace azione condotta congiuntamente dagli uomini di *Popski* e dai patrioti del *"Garavini"* (si veda *"Così noi e Popsky liberammo Sant'Apollinare"*, a cura di Ivano Artioli, https://www.anpi.it/patria-indipendente/media/uploads/patria/2005/9/31-32_ARTIOLI.pdf). Classe, è la denominazione della località a sud di Ravenna nella quale sorge l'edificio di culto.

▲Fotografia posata di partigiani del Distaccamento *"Terzo Lori"*. Isola degli Spinaroni, settembre 1944.

▼ Uomini della 28ª Brigata GAP immortalati durante un momento di riposo dopo una perlustrazione. Pineta di Classe (RA), autunno 1944.

▲ Partigiana della 28ª Brigata GAP. La donna è armata con una pistola Steyr – Pieper, probabilmente modello 1909, di produzione austriaca. Questa fotografia è stata scattata a sud di Ravenna il 18 novembre 1944.

▲ Partigiano della 28ª Brigata GAP incaricato di osservare eventuali movimenti del nemico da una postazione di vedetta.

▲ Ateo Minghelli (*Règan*, Uragano in dialetto ravennate) conversa con una partigiana, anch'essa appartenente alla 28ª Brigata GAP *"Gordini"*. Vestono entrambi il tipico giubbino della *battledress* britannica. Pineta di Classe (RA), autunno 1944.

▲ La stessa partigiana dell'immagine precedente posa per il fotografo impugnando un Moschetto Automatico Beretta modello 1938.

▼ Partigiano del Distaccamento *"Garavini"* fotografato nella Pineta di Classe (RA).

LA LIBERAZIONE DI RAVENNA E LA "BATTAGLIA DELLE VALLI"

Il 21 novembre 1944 Boldrini si recò in visita presso il Distaccamento *"Garavini"*, formato essenzialmente da giovani partigiani, comprese alcune donne che svolgevano funzioni ausiliarie[22].
Nel medesimo giorno *Bülow* visitò anche il quartier generale di *Popski*, ospitato all'interno di una vecchia costruzione sulla Strada Romea. L'ufficiale britannico non nascose le proprie preoccupazioni per il rallentamento delle operazioni, frenate dal cattivo stato delle vie di comunicazione, dai terreni allagati e dai campi minati ma esternò il fermo proposito di liberare Ravenna con la collaborazione dei patrioti italiani.
A fine novembre la *"Gordini"* passò alle dipendenze del I Corpo d'Armata canadese. Il comando della zona operativa di Alfonsine aveva nel frattempo disposto il collocamento dei GAP e delle SAP della Zona Operativa 2 agli ordini di Mario Verlicchi. Il raggruppamento, che divenne noto come Colonna *"Wladimiro"* dal nome di battaglia del suo comandante[23], comprendeva anche il Distaccamento *"Tarroni"* e vantava una forza complessiva di circa 400 uomini.
Il capitano canadese Healy, inviato presso la 28ª Brigata GAP, predispose le modalità di collegamento con il proprio comando. In tarda serata giunse un messaggio alleato che precisava il ruolo dei partigiani alla vigilia dell'offensiva, quello di truppe d'occupazione nel settore che andava da Mezzano (Ravenna) alla costa, fino alle Valli di Comacchio (situate tra le provincie di Ravenna e Ferrara). Nella notte tra il 2 e il 3 dicembre pervenne via radio ai gappisti il segnale *"Ora zero"*. Ebbe così inizio uno scontro noto come *"Battaglia della Valli"*, svoltosi a nord di Ravenna fino al 6 dicembre 1944.
I patrioti dovevano prepararsi ad attaccare da Sant'Alberto al litorale nel momento in cui l'8ª Armata avrebbe dato il via all'Operazione *"Chuckle"* (risata, in lingua italiana) che prevedeva l'impiego del I Corpo canadese all'estrema destra del fronte, del V Corpo britannico sulla direttrice Faenza - Bologna al centro, del II Corpo polacco sul fianco sinistro nella zona delle colline romagnole. Compiti strettamente inerenti alla liberazione di Ravenna erano stati assegnati alla *Porterforce*[24], al *Popski's Private Army* e al Distaccamento *"Garavini"*.
Il 4 dicembre 1944, all'alba, scattarono all'attacco quasi 1.000 partigiani. Erano gli uomini del *"Terzo Lori"*, del *"Sauro Babini"*, degli altri reparti inclusi nella Colonna *"Wladimiro"*, di un gruppo sappista di Alfonsine, di alcune formazioni gappiste giunte da Conselice e Massa Lombarda, delle SAP di Ravenna. Il *"Lori"* fu incaricato di impadronirsi delle località di Porto Corsini, Casal Borsetti e

---

[22] L'intero Distaccamento era dipendente dal *No 1 Demolition Squadron* dal punto di vista operativo. L'alta considerazione espressa da Wladimir Peniakoff nei riguardi del *"Garavini"* trova riscontro nella seguente dichiarazione scritta:
"Il gruppo partigiano Settimio Garavini ha operato con noi durante le ultime sei settimane, prendendo parte a tutte le azioni a cui era chiamato. Possiamo affermare, in tutta verità, che senza l'eccellente cooperazione che in ogni momento abbiamo ricevuto dai comandanti e dai patrioti e l'altissimo senso di coraggio e di devozione al dovere dimostrati senza posa ad ogni occasione, il nostro lavoro su questo settore sarebbe stato difficilissimo se non impossibile.
L'ufficiale comandante desidera esprimere la sua gratitudine ad Ateo e a tutto il gruppo Settimio Garavini per tutto ciò che hanno fatto in questo periodo".

Major Commanding
N. 1 Demolition Squadron
P.P.A. Special Forces
(Major Popski)

[23] Entrarono a far parte della Colonna *"Wladimiro"* anche 8 partigiani ferraresi e 3 militari cecoslovacchi. Questi ultimi avevano abbandonato il battaglione tedesco in cui erano stati arruolati (Arrigo Boldrini, *Diario di Bulow*, op. cit., p. 162).

[24] La *Porterforce* era un gruppo di combattimento dell'8ª Armata britannica costituito da reparti corazzati, di fanteria, di artiglieria e del genio.

Mandriole (RA), la Colonna *"Wladimiro"* doveva invece prendere Sant'Alberto e intralciare il ripiegamento del nemico alla volta di Ferrara.

I tedeschi, pronti a fronteggiare un'offensiva da sud, non furono in grado di contrastare attacchi da altre direzioni e arretrarono verso le località di Longastrino[25], Alfonsine e oltre le Valli di Comacchio. Il piano parve avere inizialmente successo e Ravenna fu liberata. I partigiani entrarono guardinghi in città, facendo attenzione a non essere colpiti dal fuoco di eventuali elementi ritardatori. Insieme ad essi vi erano le truppe del I Corpo d'Armata canadese.

Intanto, la *"Battaglia delle Valli"* proseguiva. Il 5 dicembre si fece il punto della situazione: le perdite furono limitate ma le munizioni cominciarono a scarseggiare. Quel giorno cadde Italo Cristofori (*Nadir*), Capo di Stato maggiore del Distaccamento *"Babini"*[26], ferito a morte mentre si apprestava a tornare fra i suoi uomini dopo una ricognizione. Nonostante le difficoltà, il 6 dicembre la Colonna *"Wladimiro"* riuscì ad occupare Sant'Alberto. Nessun segnale arrivò però dagli Alleati e i tedeschi si accinsero a contrattaccare fin dalle prime ore del pomeriggio[27]. Gli scontri si protrassero fino a sera inoltrata. Le ripetute richieste di intervento aereo formulate dai gappisti furono respinte dai britannici a causa della persistenza di una fitta nebbia sul campo di battaglia. Sant'Alberto e Mandriole vennero così abbandonate al nemico.

▲ Le Jeep dei reparti alleati sostano in attesa di superare i Fiumi Uniti. Dalle acque emergono i resti del Ponte Nuovo, distrutto dai tedeschi. Ravenna, 4 dicembre 1944.

---

25 La municipalità di Longastrino è divisa fra i comuni di Alfonsine ed Argenta, e pertanto tra le province di Ravenna e di Ferrara.

26 Italo Cristofori nacque a Bagnacavallo (RA) nel 1921. Attivo nelle file della Resistenza dopo l'Armistizio venne insignito di Medaglia d'Argento al Valor Militare alla memoria.

27 Secondo Boldrini, rimasto leggermente ferito nel corso del contrattacco nemico, si trattava di reparti autotrasportati della 42ª Divisione Jäger Tedesca e di unità inquadrate nel LXXVI Panzer Korps (Arrigo Boldrini, *Diario di Bulow*, op. cit., p. 168).

▲ Una Jeep viene traghettata sull'altra riva dei Fiumi Uniti. Ravenna fu liberata dalle truppe del I Corpo d'Armata canadese.

▼ Jeep alleate fanno il loro ingresso in Ravenna.

▲ Partigiani fotografati in Piazza del Popolo a Ravenna subito dopo la liberazione della città.

▼ Due partigiani sorvegliano un gruppo di prigionieri tedeschi. Ravenna, 5 dicembre 1944.

▲ Il capitano canadese Dennis Healy, ufficiale di collegamento presso il Distaccamento *"Terzo Lori"*, illustra ai partigiani il funzionamento di un Panzerfaust, arma portatile anticarro dell'esercito tedesco. Sullo sfondo si intravede la sagoma di un carro armato medio tedesco Panther immobilizzato.

▼ Wladimir Peniakoff al posto di guida di una Jeep.

▲ Membri del *Popski's Private Army* (P.P.A.) posano dinanzi ad alcune Jeep del reparto.

▼ Una Jeep del P.P.A. armata con due mitragliatrici (Cal. .30 e Cal. .50) attraversa un corso d'acqua.

▲ Uomini e mezzi dell'*Esercito Privato di Popski*. Nella fotografia appaiono autocarri *Canadian Military Pattern* (CMP) da 3 ton e Dodge D15 oltre a una Jeep.

▼ Una Jeep del reparto agli ordini di Wladimir Peniakoff transita in Piazza San Marco a Venezia.

▲ L'unica Jeep del *Popski's Private Army* armata con un lanciafiamme Wasp Mk II. Wladimir Peniakoff, in piedi a destra, osserva con attenzione il veicolo. La modifica, attuata e sperimentata durante la campagna d'Italia non diede però risultati soddisfacenti.

▼ Una Jeep dell'*Esercito Privato di Popski* recante anteriormente il simbolo stilizzato dell'unità, un astrolabio italiano del XVI secolo. Il distintivo, che ornava anche il copricapo dei soldati del reparto, era stato disegnato dal pluridecorato Paolo Caccia Dominioni, ufficiale del Regio Esercito e partigiano nonché amico di Wladimir Peniakoff.

▲ Al centro nella fotografia, Ilario Tabarri (*Pietro Mauri*), comandante dell'8ª Brigata Garibaldi. Sulla giubba è presente il distintivo di grado, un triangolo rovesciato in panno di colore imprecisato con tre stelle di tonalità più scura (forse rosse) e di identica dimensione. Un distintivo simile identificava anche il commissario di brigata.

▼ Schieramento dell'8ª Brigata Garibaldi a Forlì il 30 novembre 1944. Davanti ai partigiani sono posizionate delle mitragliatrici catturate al nemico.

▲ Gino Larice (*Tigrotto*), giovane portabandiera dell'8ª Brigata Garibaldi *"Romagna"*.

▲ Le mitragliatrici germaniche predate dai partigiani dell'8ª Brigata Garibaldi.

▼ Il 30 novembre 1944 si tenne a Forlì una parata dell'8ª Brigata Garibaldi. Nella fotografia appaiono, da sinistra a destra, il comandante Ilario Tabarri, il giovanissimo portabandiera della formazione, Gino Larice, che indossa un elmetto britannico Mk II e un cinturone tedesco, il commissario politico Pietro Reali (*Bernardo*). Tutti e tre portano divise britanniche. L'uomo parzialmente visibile sulla destra potrebbe essere un ufficiale di collegamento di Sua Maestà poiché reca sulla manica l'emblema della 1ª Divisione Corazzata britannica, un rinoceronte bianco su sfondo nero.

▲ Due partigiani dell'8ª Brigata Garibaldi fotografati a Forlì il 30 novembre 1944. I gradi adottati dai partigiani potevano variare sensibilmente da una formazione all'altra e non è semplice risalire all'effettiva posizione gerarchica dei due uomini, considerate le differenti dimensioni delle stelle e la foggia dei triangoli in panno. Interessante il distintivo applicato sul copricapo del patriota a sinistra, probabilmente una stella tricolore.

▼ Un'altra fotografia ritraente patrioti dell'8ª Brigata Garibaldi. Si osservi l'eterogeneità del vestiario.

▲ *"Acorn Inn"*, un semovente di artiglieria semicingolato M3 del 27th Lancers in azione a nord-ovest di Mezzano (RA).

▼ Semovente da 25 libbre Sexton appartenente al Reggimento di Artiglieria 1st Royal Horse, inquadrato nella *"Porterforce"*. Dintorni di Ravenna, dicembre 1944.

▲ Militari del reggimento esplorante britannico 27th Lancers. Ravenna, 5 dicembre 1944.

▼ Carri armati medi Sherman V della 5ª Brigata Corazzata canadese transitano per le vie di Ravenna. Gennaio 1945.

LA 28ª BRIGATA GARIBALDI "MARIO GORDINI"

Subito dopo la liberazione di Ravenna, i patrioti romagnoli espressero la volontà di proseguire la lotta contro i nazifascisti. I britannici, al contrario, insistevano per impiegare i ribelli prevalentemente in azioni di sabotaggio, esplorazione e raccolta informazioni, sottovalutando l'importanza che aveva ormai assunto la Resistenza italiana alla fine del 1944.
Alcuni ufficiali alleati erano però di diverso avviso. Il maggiore canadese Healy distaccato presso il *"Lori"*, Wladimir Peniakoff, il maggiore Coulquhoun e il generale Charles Foulkes tenevano in grande considerazione le ragioni dei partigiani, combattenti che si erano battuti con grande coraggio al fianco delle truppe alleate. Anche il generale di Corpo d'Armata Angelo Cerica, già comandante dei Carabinieri e il colonnello di Cavalleria Riccardo Esclapon di Villanova, entrambi del Regio Esercito, in collegamento con gli angloamericani, appoggiavano le rivendicazioni dei patrioti. Dopo alcuni incontri e serrate trattative, resistenti ravennati e rappresentanti dell'8ª Armata raggiunsero un accordo che prevedeva la presenza di un ufficiale di collegamento britannico presso la *"Gordini"*, formazione alla quale sarebbe stato assegnato un tratto di fronte. Gli uomini dei distaccamenti che furono avviati a Ravenna dovettero consegnare le armi, provvedimento questo che non mancò di suscitare qualche accesa discussione[28].
Il 10 dicembre 1944 Benigno Zaccagnini, presidente del Comitato di Liberazione Nazionale locale e Arrigo Boldrini tennero un discorso dinanzi alla folla ravennate per sollecitare il reclutamento di volontari nella *"Gordini"*. La manifestazione ottenne i risultati sperati e molti giovani si presentarono per arruolarsi ma generò anche qualche incomprensione con gli Alleati che lamentarono di non essere stati informati dell'iniziativa. Dalla metà di dicembre le nuove reclute furono concentrate a Ravenna[29]. Le sottounità che avrebbero costituito la nuova struttura della Brigata sarebbero state oggetto di un processo di revisione che le avrebbe rese simili a reparti regolari. Si costituirono pertanto delle compagnie di 33-36 uomini, suddivise in tre squadre. In ogni compagnia, il comandante e il commissario sarebbero stati eletti dagli appartenenti al reparto. Il comando della Brigata *"Gordini"* fu assunto da Arrigo Boldrini. Gino Gatta assunse il ruolo di commissario politico, Ateo Minghelli (*Règan*) e Mario Verlicchi (*Wladimiro*) furono nominati vice comandanti, Pellegrino Montanari (*Rino*) divenne Capo di Stato Maggiore, Alfredo e Carlo Badiali furono posti a capo del personale deputato al servizio di Sanità. Il rinnovato organico dell'unità, che da Brigata GAP si trasformava in Brigata Garibaldi, fu incentrato su 15 compagnie oltre a quella comando e ai vari servizi.
L'arrivo a Ravenna il 19 dicembre 1944 del Luogotenente Generale del Regno Umberto II di Savoia consolidò ancor di più lo status della *"Gordini"* presso gli angloamericani. In quella medesima giornata i tedeschi attaccarono sulla rotabile Alfonsine-Ravenna ma partigiani e Alleati rintuzzarono l'offensiva che avrebbe potuto aprire qualche crepa in delicati settori del fronte. La 1ª Divisione di Fanteria canadese era intanto stata lanciata alla conquista di Bagnacavallo. La città, liberata il 21 dicembre, fu preservata da un massiccio bombardamento alleato per merito di due patrioti del luogo, Mario Giacomoni e Bruno Cristofori[30]. Giacomoni (nome di battaglia *Portos*) convinse i canadesi

---

[28] Il Distaccamento *"Garavini"* seguì i reparti alleati in movimento verso nord sostituendo le formazioni di patrioti duramente provate dalla "Battaglia delle Valli", trasferite a Ravenna per usufruire di un periodo di riposo.

[29] L'intenzione dei comandi della *"Gordini"* era quella di riunire in un'unica compagnia i volontari provenienti dalle stesse zone per ovvi motivi di affiatamento.

[30] Mario Giacomoni nacque a Prati di Bagnacavallo (RA) il 17 giugno 1924. Fino alla primavera del 1944 fu in forza all'8ª Brigata Garibaldi, attiva nell'Appennino forlivese. Rientrato nel luogo natio, si unì ai partigiani locali per poi entrare a far parte della *"Gordini"* nell'autunno del 1944. Ricoprì la carica di commissario politico, prima nel Distaccamento *"Babini"* e

a rinviare di almeno un paio di giorni l'intervento dell'artiglieria che avrebbe sicuramente distrutto l'abitato. Egli stesso assicurò agli Alleati che avrebbe varcato le linee durante la notte per saggiare la reale consistenza delle difese tedesche. Attraversato a nuoto il Fiume Lamone, Giacomoni e Cristofori si avventurarono cautamente per le strade di Bagnacavallo avvolti dall'oscurità, trovando temporaneo rifugio presso l'abitazione del parroco.

Ottenute le tanto agognate informazioni, rientrarono rapidamente nelle retrovie e riuscirono a convincere i comandi canadesi dell'inutilità di un pesante cannoneggiamento. Alla fine del 1944, il morale dei partigiani romagnoli subì un brutto colpo: il Distaccamento *"Celso Strocchi"* fu sciolto dagli Alleati senza preavviso. Con il nuovo anno il reclutamento dei volontari proseguì. Molti di essi avevano già fatto parte delle SAP o dei GAP. Altri, troppo giovani, non erano mai stati addestrati. Le domande di arruolamento erano migliaia, una quantità inaspettata, conseguenza del grande entusiasmo che pervadeva molti ragazzi della provincia ravennate.

Il 9 gennaio 1945 la *"Gordini"* passò alle dipendenze del I Corpo d'Armata canadese. Giunse finalmente il nuovo vestiario costituito da uniformi britanniche e fu completato l'armamento. Ai garibaldini furono forniti soprattutto fucili Lee Enfield, moschetti automatici Thompson, fucili mitragliatori Bren, lanciagranate anticarro PIAT (Projector Infantry Anti-Tank).

▲ Militari del reggimento blindato *"Royal Canadian Dragoons"* a bordo di un'autoblindo leggera *Dingo* dialogano con i partigiani Bruno e Luisa Cristofori. Bagnacavallo (RA), 3 gennaio 1945.

---

poi nella 3ª Compagnia della 28ª Brigata Garibaldi e fu insignito di Medaglia d'Argento al Valor Militare. Nel dopoguerra fu consigliere comunale, assessore e sindaco di Bagnacavallo. Bruno Cristofori (detto *Giuseppone*), fratello di Italo, Capo di Stato Maggiore del Distaccamento *"Babini"*, nacque a Bagnacavallo nel 1926.

▲ Un'altra immagine dell'incontro tra i partigiani di Bagnacavallo e i soldati canadesi. Luisa Cristofori imbraccia una pistola mitragliatrice Thompson M1929.

▼ Uomini del Distaccamento *"Settimio Garavini"* attraversano il Fiume Bevano.

▲ Un'immagine del generale canadese Charles Foulkes.

▲ Partigiani della 28ª Brigata Garibaldi caricano munizioni su un rimorchio di produzione tedesca IF-8 trainato da un quadrupede. Sponda del Fiume Reno, gennaio 1945.

▼ Patrioti della *"Mario Gordini"* si apprestano a condurre un'azione di pattugliamento.

▲ I partigiani della Brigata *"Gordini"* familiarizzano con le nuove armi ottenute dagli Alleati.

▼ Civili su un mezzo a trazione animale oltrepassano un carro armato tedesco Panther messo fuori combattimento. Sant'Alberto (RA), febbraio 1945.

LA BRIGATA "MARIO GORDINI" ENTRA IN LINEA

Il 12 gennaio fu trasmesso alla Brigata l'ordine di portarsi, con celerità, in prima linea per presidiare e difendere il tratto di fronte (esteso circa 3,5 chilometri) che correva lungo il corso del Reno da Sant'Alberto fino a Casa Strelga. Le prime compagnie (4ª, 5ª, 8ª, 9ª e 10ª) giunte a destinazione si accantonarono nelle case coloniche e in improvvisate postazioni difensive approntate a ridosso del fiume. I collegamenti tra i reparti avvenivano ricorrendo a telefoni da campo, segnalazioni effettuate con pistole *Very* e staffette. Al fine di scongiurare eventuali intercettazioni da parte dei tedeschi, le comunicazioni telefoniche si svolgevano in dialetto romagnolo. Alle ore 6:00 del 14 gennaio entrò in linea il Gruppo di Combattimento *"Cremona"*[31], unità cobelligerante italiana aggregata all'8ª Armata britannica che assunse la responsabilità tattica del settore da Mezzano al mare. Ben 5 degli oltre 20 km che costituivano tale fronte (lungo l'argine destro del Fiume Reno e la sponda meridionale della laguna di Comacchio) furono assegnati alla *"Gordini"* che venne così a trovarsi tra due sottounità del *"Cremona"*, segnatamente tra il III battaglione del 22° Reggimento Fanteria a destra e il I Battaglione del medesimo reggimento a sinistra.

Il 17 gennaio 1945 Boldrini e altri importanti componenti della Brigata partirono con destinazione Roma. Nella capitale la delegazione ravennate incontrò Francesco Leone, all'epoca viceresponsabile dell'attività di stampa e propaganda del partito comunista a Roma, Alessandro Vaia, già comandante di una Divisione partigiana nelle Marche e rappresentante delle Brigate Garibaldi in seno all'Associazione Nazionale Partigiani e Giancarlo Pajetta, soprannominato *Nullo*, dirigente comunista e importante personalità del Comitato di Liberazione Nazionale dell'Alta Italia, incaricato di trattare con il governo italiano e gli Alleati. Insieme a Pajetta, *Bülow* fu quindi ricevuto dal Ministro della Guerra, il liberale Alessandro Casati[32].

L'esecutivo aveva deciso di riconoscere il Corpo Volontari della Libertà (la struttura militare della Resistenza) quale parte integrante dell'esercito italiano. Fu proprio in quel momento che Arrigo Boldrini apprese che gli Alleati avevano proposto di decorarlo con Medaglia d'Oro al Valor Militare. La cerimonia di consegna del prestigioso riconoscimento si tenne a Ravenna il 4 febbraio 1945. Mentre il primo mese del nuovo anno volgeva al termine, seguitavano gli scontri tra opposte pattuglie al fronte. Alle ore 13 del 22 gennaio la 1ª Compagnia aprì il fuoco contro una piccola

---

31 Il Gruppo di Combattimento *"Cremona"* era costituito come di seguito descritto:
- Comando e Quartier Generale
- 21° Reggimento Fanteria (su 3 battaglioni, 1 compagnia controcarri, 1 compagnia mortai)
- 22° Reggimento Fanteria (su 3 battaglioni, 1 compagnia controcarri, 1 compagnia mortai)
- 7° Reggimento Artiglieria (su 4 gruppi da 25 libbre, 1 gruppo controcarri, 1 gruppo contraerei)
- 144° Battaglione Misto del Genio (su 2 compagnie artieri e 1 compagnia teleradio)
- 54ª Sezione di Sanità
- 84° Ospedale da Campo
- 33° Ospedale da Campo
- 44° Reparto Trasporti e Rifornimenti
- Officine Meccaniche
- Deposito Mobile Materiali Artiglieria e Genio
- 94ª Sezione Carabinieri
- 739ª Sezione Carabinieri
- 51st British Liaison Unit (51° Nucleo Britannico di Collegamento).

32 Circa un mese dopo questi incontri, esattamente il 20 febbraio 1945, sempre a Roma, Arrigo Boldrini e altri esponenti della 28ª Brigata Garibaldi furono ricevuti anche da Palmiro Togliatti, segretario generale del Partito Comunista e Vicepresidente del Consiglio dei ministri del Regno d'Italia, il quale desiderava conoscere l'esperienza del reparto combattente partigiano nel quadro della guerra condotta dagli Alleati.

avanguardia tedesca avvistata presso "Casa di guardia", una posizione nell'ansa dell'argine destro del Reno dalla quale era possibile bersagliare l'abitato di Sant'Alberto, località che era stata liberata dalla 1ª Divisione di Fanteria canadese il 5 gennaio. All'alba del 24 gennaio la 9ª Compagnia neutralizzò una sortita germanica. Sotto la data dell'8 febbraio 1945 la forza complessiva della 28ª Brigata Garibaldi ammontava a 345 effettivi. Ogni squadra era provvista di 5 fucili, 4 armi automatiche, un fucile mitragliatore Bren. I comandi delle compagnie disponevano di 4 armi automatiche e 2 fucili. Essendo le dotazioni quasi al completo, occorreva portare rapidamente a termine l'addestramento all'uso delle armi.

Continuavano senza sosta le attività di pattuglia soprattutto dirette all'osservazione dei movimenti tedeschi. Gli sforzi furono poi concentrati nella soppressione di una postazione nemica nella zona di Sant'Alberto. L'azione ebbe inizio alle ore 6:00 del 13 febbraio con il supporto dei mortai del Gruppo di Combattimento "Cremona". La posizione non fu conquistata ma rimase comunque isolata dal resto dello schieramento germanico. Dalle ore 6:00 del 19 febbraio 1945 la 28ª Brigata Garibaldi passò alle dirette dipendenze del "Cremona". Il provvedimento sottoponeva ad un unico comando italiano la porzione di fronte che andava dal Canale di Bonifica all'Adriatico. Contemporaneamente alcuni militari specializzati della 44ª Compagnia Teleradio del Gruppo di Combattimento furono aggregati alla "Gordini" per assicurare i collegamenti con il quartier generale[33].

Il 23 febbraio 1945 fu completata la costituzione dell'ufficio sanitario della Brigata, sotto la responsabilità del Professor Alfredo Badiali già primario dell'ospedale civile di Ravenna, coadiuvato al fronte dal figlio Carlo, studente universitario di Medicina, e da Remo Camerani (*Cupartòn*), in precedenza responsabile del servizio di sanità del Distaccamento "Garavini".

Risale agli ultimi giorni di febbraio del 1945 l'elaborazione del piano per la conquista di Torre di Primaro (Ravenna), nome in codice "Rino", volta a consolidare l'estrema destra dello schieramento alleato lungo il corso del Reno. In tale quadro, gruppi di garibaldini furono dislocati in direzione di Chiavica Pedone, presidiata dal nemico. Durante la notte del 26 febbraio la 10ª Compagnia replicò con impeto all'attacco di diverse pattuglie germaniche, respingendole. Il 1° marzo l'Operazione "Rino" ebbe inizio. La 10ª Compagnia della "Gordini" appoggiò la 3ª Compagnia del I Battaglione del 21° Reggimento Fanteria del "Cremona" che muovendo da Chiavica Scirocco, sulla riva destra del fiume Reno, doveva conquistare Chiavica Pedone. L'azione ebbe fortuna ma i garibaldini subirono delle perdite a causa del fuoco dei mortai tedeschi. Un'operazione dimostrativa che i partigiani avrebbero dovuto condurre con l'ausilio di imbarcazioni nella laguna di Comacchio (FE) fu annullata.

Con la presa di Primaro, alla 28ª Brigata Garibaldi fu affidata la difesa della posizione di Chiavica Scirocco, pressoché imprendibile ma fortemente esposta al tiro di mortai e artiglierie. Il 4 marzo, con l'arrivo in linea della 12ª Compagnia, immediatamente destinata al presidio del caposaldo ovest di Sant'Alberto, la formazione guidata da *Bülow* raggiunse una forza pari a 498 partigiani. Il 7 marzo il generale Charles Keightley, comandante del V Corpo d'Armata britannico, nel quale era stata collocata la "Gordini", fece visita al comando di Brigata. Insieme a Boldrini, l'alto ufficiale ispezionò anche alcuni appostamenti sul Reno e si recò presso la 7ª Compagnia. I garibaldini furono autorizzati a richiedere l'intervento dell'artiglieria e della ricognizione aerea per le operazioni a venire. Il 10 marzo, di prima mattina, gli uomini di *Bülow* ricevettero un'altra importante visita, quella del Presidente del Consiglio Ivanoe Bonomi, accompagnato dal Ministro della Guerra Alessandro Casati e dal generale Clemente Primieri, comandante del Gruppo di Combattimento "Cremona". Quella stessa giornata giunse la comunicazione che dalle ore 6:00 del 13 marzo 1945 la "Gordini" sarebbe passata per alcuni giorni alle dipendenze dirette della 2ª Brigata Commandos[34], schierata dal Canale

---

[33] La decisione di porre la "Gordini" alle dipendenze del "Cremona" fece sì che i rapporti fra i garibaldini e i soldati italiani si intensificassero. Nelle file del Gruppo di Combattimento erano arruolati ex partigiani di diverse tendenze politiche. Molti di essi erano originari dell'Umbria, delle Marche e della Toscana.

[34] Già 2nd Special Service Brigade, così ribattezzata dal 6 dicembre 1944.

di Bonifica al mare. La 28ª Brigata Garibaldi vantava ormai una forza complessiva di 580 uomini, dei quali ben 519 al fronte e comprendeva 15 compagnie di partigiani, 1 Compagnia Comando, 1 servizio sanitario e 1 Compagnia Deposito[35].

Il nemico non stava attraversando un buon momento ma dopo un breve periodo di quiete contrassegnato da sporadici duelli di artiglieria, aveva ripreso a molestare le linee alleate con azioni di pattuglia. I tedeschi tentarono anche di predisporre avamposti sulla riva destra del Reno nei quali sistemarsi nottetempo per aprire il fuoco sulle posizioni tenute dai patrioti. Il 19 marzo 1945 la *"Gordini"* risultava essere nuovamente alle dipendenze tattiche del V Corpo britannico. Al completamento degli organici seguì quello delle dotazioni. Nell'arco di pochi giorni i garibaldini ricevettero diversi mezzi di trasporto che andarono ad aggiungersi ai pochi fino ad allora disponibili. Il 22 marzo gli Alleati consegnarono 6 motociclette per il comando e i collegamenti. Fu incrementato il numero delle imbarcazioni, indispensabili per svolgere operazioni anfibie[36].

Secondo quanto riferito da Arrigo Boldrini il parco veicoli comprendeva 8 autocarri pesanti, ai quali se ne aggiungevano altri 2 requisiti in precedenza, 5 autocarri leggeri Dodge, un automezzo per le comunicazioni, un veicolo per il trasporto di liquidi, una Jeep e 17 motociclette Triumph. Completavano le dotazioni due utilitarie Fiat 500, una Fiat 1500, una Fiat 1100, un carro officina, un'autovettura convertita in autoambulanza e diverse altre motociclette di marca imprecisata. È documentato l'utilizzo di autocarri di produzione italiana Fiat 666 e Isotta Fraschini D65. Una rara fotografia mostra alcuni mezzi in servizio presso la *"Gordini"*, tra i quali sono riconoscibili degli autocarri Bedford OYD (3 ton) ottenuti probabilmente dai britannici. In un altro scatto, prodotto poco tempo dopo la fine della guerra, appare una *Kübelwagen* tedesca di preda bellica. I veicoli vennero concentrati in un unico reparto formato da autieri, la Compagnia Autotrasporti, posto direttamente agli ordini del comando. Il 31 marzo arrivarono altri automezzi, probabilmente alcune Jeep. Su tutti i mezzi doveva essere dipinta quale insegna di riconoscimento l'effigie di Garibaldi, sul terzo bianco del Tricolore italiano[37]. Sugli autoveicoli il volto dell'Eroe dei due mondi era applicato frontalmente come testimoniato da una fotografia che ritrae una delle Jeep della Brigata recante il simbolo in questione sulla parte inferiore sinistra del telaio del parabrezza. Fu inoltre ulteriormente ampliato il numero delle barche, manovrabili con remi, pagaie o paradelli, le lunghe pertiche utilizzate per muovere i natanti nelle acque delle valli di Comacchio. Il 26 marzo il generale Keightley, comandante del V Corpo d'Armata britannico, fece ancora una volta visita alla Brigata *"Gordini"*, informando il comando circa un imminente impiego dell'unità nelle operazioni[38].

Alle ore 22:00 del 1° aprile 1945 la 2ª Brigata Commandos, elementi della 9ª Brigata Corazzata e della 56ª Divisione di Fanteria britanniche mossero in avanti per conquistare l'area della Smarlacca, la Torre costiera di Bellocchio e la strada che dal Po di Primaro[39] proseguiva verso settentrione al fine di poter disporre di uno sbocco in direzione di Porto Garibaldi (in provincia di Ferrara) e Comacchio. Il territorio interessato, scarsamente popolato e parzialmente paludoso si estendeva dal corso del Fiume Reno al Canale Valletta, ed era delimitato a oriente dal litorale adriatico e a occidente dalla Valle di Magnavacca. L'impossibilità di impiegare nei bassi fondali i mezzi anfibi *Fantails* (de-

---

[35] La Compagnia Deposito aveva sede a Ravenna e si occupava dell'amministrazione, della gestione dei magazzini di materiali vari, del reclutamento dei volontari e della loro assegnazione ai reparti della Brigata.

[36] I comandi alleati non nascondevano le loro preoccupazioni per la "zona di nessuno" che si estendeva dalla sponda sinistra del Fiume Reno a Comacchio, pattugliata dai partigiani con le loro barche. Nella notte del 25 marzo 1945 a "Ca' Nuova", sulla riva sinistra del Reno, garibaldini della 5ª e della 7ª Compagnia catturarono 3 militari tedeschi che si aggiravano sperduti. Si trattò di un colpo di fortuna poiché secondo il comando della *"Gordini"* l'area non era sorvegliata dal nemico.

[37] Le bande verticali verdi e rosse del Tricolore italiano erano rappresentate da due strisce di dimensione decisamente inferiore rispetto a quella del terzo bianco.

[38] Poco dopo furono consegnati altri lanciagranate PIAT che vennero distribuiti alla 11ª e alla 12ª Compagnia.

[39] I toponimi Po di Primaro, Po di Volano, Po di Goro, Po di Gnocca e Po di Venezia identificano dei rami deltizi del Fiume Po attivi all'epoca dei fatti narrati.

nominazione adottata per indicare i cosiddetti Landing Vehicle Tracked altresì noti come *Buffalo*) indusse gli Alleati a richiedere presso la 28ª Brigata Garibaldi i più abili rematori per manovrare le battane e le altre tipiche barche della regione, essenziali per il successo dell'operazione. Le compagnie della Brigata, generalmente suddivise in 3 squadre, erano allora principalmente formate da giovani volontari.

Di seguito sono riportati i nominativi e l'anno di nascita dei comandanti, vicecomandanti e commissari politici delle Compagnie che costituivano la Brigata *"Gordini"* all'inizio di aprile 1945 (si veda *Diario di Bulow*, op. cit.):

- Compagnia Comando:
  - Comandante Egidio Errani (1921);
  - Commissario Ernesto Triossi (1904).

- 1ª Compagnia:
  - Comandante Gaetano Trombini (1922);
  - Vicecomandante Enzo Foli (1919);
  - Commissario Andrea Montanari (1914).

- 2ª Compagnia:
  - Comandante Alfonso Mainardi (1922);
  - Vicecomandante Mino Costa (1918);
  - Commissario Gianni Bagnaresi (1923).

- 3ª Compagnia:
  - Comandante Ivo Zalambani (1925);
  - Vicecomandante Andrea Bonetti (1922);
  - Commissario Mario Giacomoni (1924).

- 4ª Compagnia:
  - Comandante Nino Beltrami (1912);
  - Vicecomandante Giovanni Zannoni (1921);
  - Commissario Luigi Costa (1907).

- 5ª Compagnia:
  - Comandante Ettore Servidei (1911);
  - Vicecomandante Balilla Ballotta (1911);
  - Commissario Pietro Cesti (1919).

- 6ª Compagnia:
  - Comandante Cristoforo Bendazzi (1924);
  - Vicecomandante Silvano Zaccaria (1920);
  - Commissario Uno Errani (1916).

- 7ª Compagnia:
  - Comandante Luciano Pezzi (1921);
  - Vicecomandante Francesco Gadoni (1915);
  - Commissario Lino Bondi (1920).

- 8ª Compagnia:
  - Comandante Francesco Guberti (1909);
  - Vicecomandante Delio Lombardi (1923);
  - Commissario Elio Malta (1920).

- 9ª Compagnia:
  - Comandante Alfredo Rafuzzi (1925);
  - Vicecomandante Mario Castelvetro (1921);
  - Commissario Mario Fusconi (1919).

- 10ª Compagnia:
  - Comandante Taschiero Casadio (1921);
  - Vicecomandante Teseo Tassinari (1922);
  - Commissario Renato Dradi (1926).

- 11ª Compagnia:
  - Comandante Giorgio Baffè (1923);
  - Vicecomandante Marino Zaccaria (1925);
  - Commissario Virgilio Venturi (1900).

- 12ª Compagnia:
  - Comandante Antonino Amadei (1921);
  - Vicecomandante Claudio Zaffagnini (1921);
  - Commissario Carlo Mazzotti (1924).

- 13ª Compagnia:
  - Comandante Dino Piccinini (1912);
  - Vicecomandante Vincenzo Tassinari (1924);
  - Commissario Gino Monti (1916).

- 14ª compagnia:
  - Comandante Jules Minguzzi (1920);
  - Vicecomandante Domenico Schiavina (1913);
  - Commissario Orano Angelini (1922).

- 15ª compagnia:
  - Comandante Ivan Miserocchi (1922);
  - Vicecomandante Edoardo Burrini (1923);
  - Commissario Italo Vinci (1926).

- Compagnia Autotrasporti:
  - Comandante Antonio Morigi (1904);
  - Commissario Arturo Minghelli (1907).

Secondo quanto previsto in accordo con i commandos britannici, i garibaldini avrebbero dovuto occupare tre casoni[40], il Casone Agosta, il Casone Le Fosse e il Casone Naviglio tutti eretti sull'ar-

---

40 I casoni erano fabbricati che oltre ad ospitare lo svolgimento di attività lavorative e a fungere da alloggio, costituivano

gine Agosta che separava la Valle del Mezzano (situata tra Comacchio, Ostellato, Portomaggiore e Argenta) dalla Valle Fossa di Porto (a est della Valle di Magnavacca). Il 5 aprile 1945 alle ore 3:00, dopo quasi 6 ore di navigazione nell'oscurità e allo scoperto, gli obiettivi furono raggiunti e occupati. All'azione presero parte Boldrini e altri membri del comando di brigata, il capitano Petre, ufficiale di collegamento britannico presso i garibaldini e un altro ufficiale alleato. Nelle ore successive furono predisposti i presidi: a Casone Agosta 12 uomini con un apparato radio per i collegamenti, a Casone Le Fosse il comando con 18 uomini, a Casone Naviglio 5 uomini con dispositivi per le segnalazioni. Azioni di pattuglia fruttarono la cattura di 14 soldati tedeschi.

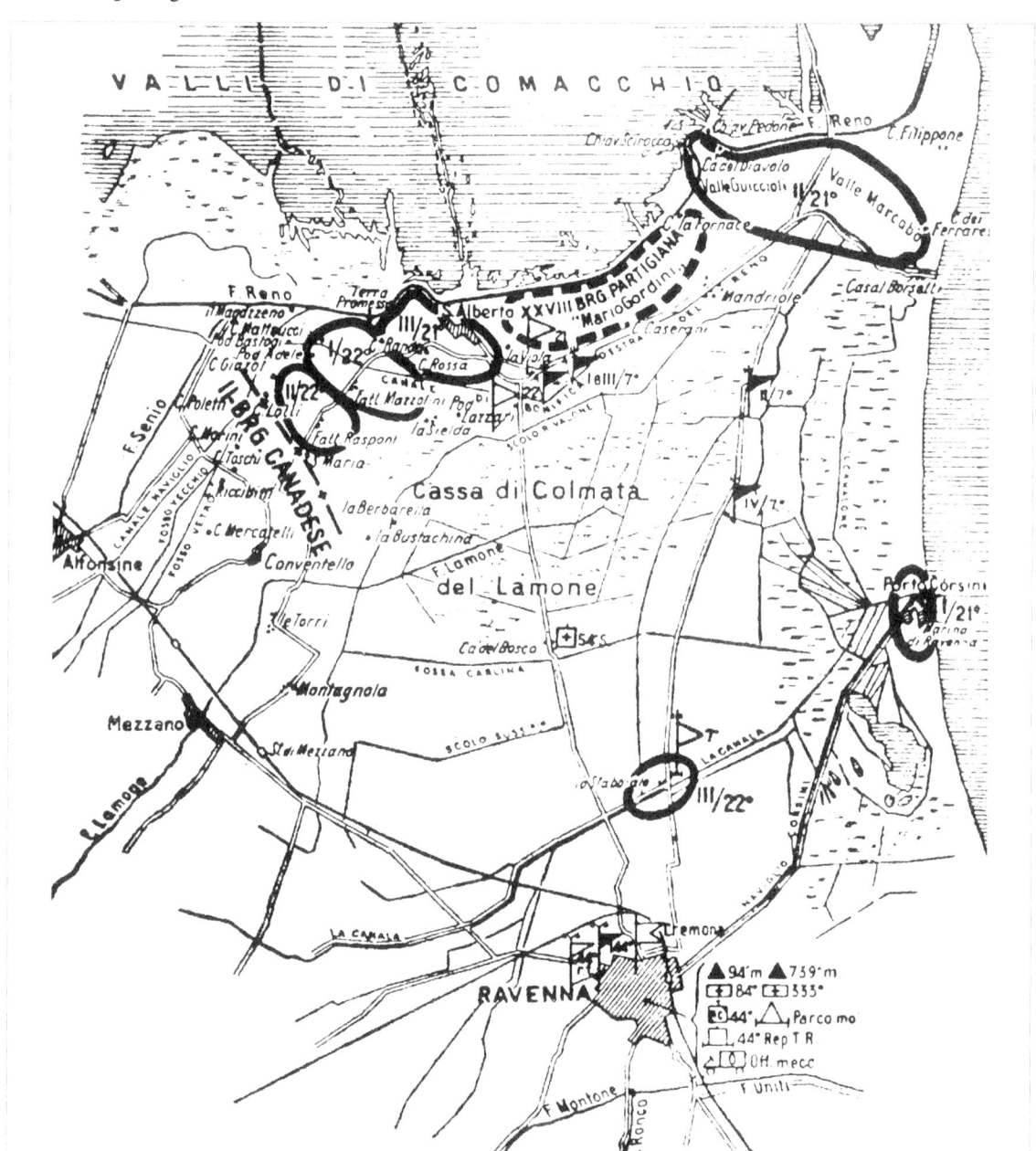

▲ Schieramento al fronte della 28ª Brigata Garibaldi il 23 gennaio 1945.

vere e proprie postazioni dalle quali le guardie vallive operavano per contrastare la pesca illecita. Quest'ultima era la destinazione d'uso dei casoni Agosta, Le Fosse e Naviglio.

▲ Partigiani della *"Gordini"* manovrano un'imbarcazione sul Fiume Reno.

▼ Due partigiani pronti ad aprire il fuoco con una mitragliatrice Browning Cal. .50. Po di Primaro, 24 febbraio 1945.

▲ Una fotografia di Arrigo Boldrini in divisa britannica.

▲ Un'immagine del generale Clemente Primieri, comandante del Gruppo di Combattimento *"Cremona"*.

▲ Mortaisti del Gruppo di Combattimento *"Cremona"* nei pressi di Sant'Alberto. Indossano il tipico vestiario britannico ed elmetti "a padella" Mk II, anch'essi di fattura britannica.

▼ Il generale Richard McCreery, comandante dell'8ª Armata britannica.

▲ I generali britannici McCreery e Keightley passano in rivista la 28ª Brigata Garibaldi *"Mario Gordini"* in occasione della cerimonia di consegna della Medaglia d'Oro al Valor Militare ad Arrigo Boldrini. Ravenna, 4 febbraio 1945.

▼ Partigiani della Brigata *"Gordini"* schierati in Piazza Garibaldi a Ravenna il 4 febbraio 1945. Il patriota in primo piano è armato con un fucile mitragliatore Bren, la ragazza in secondo piano con una pistola mitragliatrice Sten.

▲ Il generale McCreery, comandante dell'8ª Armata britannica, si accinge a decorare Boldrini. Alle sue spalle appaiono il generale Foulkes, comandante del I Corpo d'Armata canadese (secondo da sinistra) e il generale Primieri, comandante del Gruppo di Combattimento *"Cremona"* (quarto da sinistra). Ravenna, 4 febbraio 1945.

▼ Un'altra immagine degli alti ufficiali presenti alla cerimonia di consegna della Medaglia d'Oro ad Arrigo Boldrini.

▲ Primo piano di una giovane partigiana della *"Gordini"*. Anche questa fotografia è stata scattata in Piazza Garibaldi a Ravenna il 4 febbraio 1945.

▲ Il generale Richard McCreery appunta al petto di Arrigo Boldrini la Medaglia d'Oro al Valor Militare.

▲ Arrigo Boldrini (*Bülow*) sfoggia l'alta decorazione militare ricevuta.

▲ *Bülow* posa accanto alla bandiera della Brigata *"Gordini"* dopo aver ricevuto la decorazione.

▼ Quattro partigiani armati di fucile Lee Enfield n° 1 Mk IV e una partigiana armata di pistola mitragliatrice Sten. Questi patrioti della *"Gordini"* sono stati immortalati a Ravenna il 4 febbraio 1945.

▲ I partigiani della 28ª Brigata Garibaldi marciano cantando per le vie di Ravenna. È il 4 febbraio 1945.

▼ Uomini della Brigata *"Gordini"* sfilano con la bandiera del reparto a Ravenna, in occasione della commemorazione dell'eccidio del Ponte dei Martiri, avvenuto il 25 agosto 1944. Quel giorno dodici partigiani e partigiane persero la vita in una rappresaglia.

▲ Arrigo Boldrini riceve le congratulazioni dopo essere stato decorato con Medaglia d'Oro al Valor Militare.

▼ Un'altra immagine di partigiani della Brigata *"Gordini"* in Piazza Garibaldi a Ravenna. Alcuni di essi portano il fazzoletto rosso al collo.

▲ Il generale britannico McCreery passa in rassegna i partigiani della 28ª Brigata Garibaldi, seguito dal generale Keightley e da Arrigo Boldrini. Ravenna, 4 febbraio 1945.

▼ Commemorazione dei caduti della Resistenza ravennate. Tra i nomi incisi sulla lapide spiccano quelli di Umberto Ricci e Natalina Vacchi.

▲ Partigiani depositano sulla riva del Fiume Reno il frutto di una battuta di caccia, fondamentale per il soddisfacimento delle necessità alimentari (gennaio 1945).

▼ La selvaggina abbattuta viene caricata dai partigiani su un carretto trainato da un quadrupede. Sponda del Fiume Reno, gennaio 1945.

▲ Partigiani scaricano munizioni da un autocarro britannico da 3 tonnellate di portata presso la sede del comando di Brigata.

▼ La sede del comando di Brigata nelle vicinanze di Sant'Alberto.

▲ Umberto II di Savoia visita il comando della 28ª Brigata Garibaldi, situato nella zona di Sant'Alberto.

▼ Per i rifornimenti della Brigata *"Gordini"* venivano impiegati sovente mezzi a trazione animale come quello della fotografia, adibito al trasporto idrico.

▲ Un patriota dell'8ª Compagnia della 28ª Brigata Garibaldi. L'appartenenza al reparto è desumibile dal numero ordinale della controspallina. L'uomo è armato con una *Maschinenpistole 40* di fattura tedesca. Zona di Sant'Alberto, 12 febbraio 1945.

▲ Il garibaldino della foto precedente osserva due uomini intenti a liberare una Jeep dal fango. Dintorni di Sant'Alberto, 12 febbraio 1945.

▼ Partigiano della Brigata *"Mario Gordini"* armato di fucile mitragliatore Bren Mk I. Mandriole (RA), 28 febbraio 1945.

▲ Un giovanissimo partigiano della *"Gordini"* posa seduto sul cofano di una Jeep parcheggiata dinanzi alla sede del comando di Brigata. Dintorni di Sant'Alberto, 24 febbraio 1945.

▲ Questa fotografia mostra Lucia Guerra, segretaria di Arrigo Boldrini. Studentessa di Filosofia all'Università di Venezia prima della guerra, dopo l'8 settembre 1943 entrò nella Resistenza. Sant'Alberto, 29 marzo 1945.

▼ Fanti del Gruppo di Combattimento *"Cremona"* scortano prigionieri tedeschi. Casal Borsetti (RA), marzo 1945.

LA BRIGATA "MARIO GORDINI" PARTECIPA ALL'OFFENSIVA FINALE ALLEATA SUL FRONTE ITALIANO

Alle ore 14:00 del 6 aprile 1945 il maresciallo Alexander, comandante supremo delle forze alleate in Italia, fece visita al comando partigiano. L'organico al fronte della brigata era ancora cresciuto, avendo raggiunto una forza di 547 uomini e 14 donne. Con l'Operazione *Grapeshot* (mitragliata, in lingua italiana), l'8ª Armata britannica contava di dare la spallata decisiva alle ultime linee di resistenza tedesche a sud del Fiume Po. Nel settore orientale, dalla rotabile Ravenna-Ferrara all'Adriatico, erano schierate la 2ª Brigata Commandos, la 28ª Brigata Garibaldi *"Mario Gordini"*, la 9ª Brigata Corazzata britannica e la 56ª Divisione di Fanteria britannica, fronteggiate dal LXXVI Corpo d'Armata tedesco allineato dalla Via Emilia al mare a settentrione delle Valli di Comacchio, comprendente unità a ranghi ridotti *e più* precisamente la 162ª (*Turkmenen*) Divisione di Fanteria, la 42ª Divisione Jäger, la 362ª Divisione di Fanteria e la 98ª Divisione di Fanteria. La *"Gordini"* ricevette l'ordine di sistemarsi lungo la cosiddetta "lingua di terra" compresa tra la Valle Ussarola e la Valle di Magnavacca a ovest, il mare Adriatico a est, il Podere Patrignani a sud, e il Canale Valletta a nord, in sostituzione di un reparto britannico.

Proprio a settentrione truppe tedesche e reparti fascisti repubblicani della X Flottiglia MAS difendevano Porto Garibaldi. La zona era inoltre disseminata di mine. Il territorio, ampio e paludoso, consentì tuttavia ai partigiani di occultare alla vista del nemico la disposizione dei capisaldi, grazie alla presenza di una diffusa ancorché non fitta vegetazione. La presenza di 2 medici presso il comando di Brigata garantiva la funzione di un servizio di Sanità dotato di 3 autoambulanze leggere di produzione britannica Humber FWD. Un'infermeria era situata nelle vicinanze di Mandriole. Il 13 aprile 1945 la 4ª batteria del 7° Reggimento Artiglieria, comandato dal colonnello Angelo Ottone, inquadrato nel Gruppo di Combattimento *"Cremona"*, venne posta alle dipendenze della *"Gordini"*. I primi obiettivi assegnati ai 4 pezzi da 25 libbre (88 mm) della batteria italiana consistettero in postazioni tedesche che battevano le posizioni garibaldine con obici e mortai. Nei giorni successivi furono perlopiù condotti pattugliamenti con il favore del buio. Il fuoco nemico rimase sostenuto, vi erano nidi di mitragliatrice a Porto Garibaldi e inoltre numerosi campi minati rendevano inaccessibile la sponda destra del porto canale di Casal Borsetti. Per interrompere la stasi del fronte, il comando di Brigata elaborò un piano concernente un attacco dimostrativo notturno che avrebbe investito la zona fra Canale Valletta e l'abitato di Porto Garibaldi. Sarebbero state impiegate 6 compagnie, la 7ª, la 10ª, l'11ª, la 12ª, la 13ª e la 15ª che avrebbe agito in funzione di supporto. Le pattuglie sarebbero state formate da 10 uomini con 2 armi automatiche e 2 mortai di produzione britannica da 2 inch (51 mm). L'azione sarebbe stata preceduta da una intensa preparazione di artiglieria, impiegando in una seconda fase granate illuminanti e fumogene. Alle ore 21:00 del 18 aprile 1945 i 25 libbre italiani aprirono il fuoco e subito dopo i garibaldini si gettarono all'assalto. I tedeschi, pur reagendo vigorosamente subirono diverse perdite. Di contro, i partigiani ebbero 5 feriti, 3 della 7ª Compagnia e 2 della 13ª Compagnia. L'incursione terminò nel cuore della notte. Alle ore 13:00 del 20 aprile elementi della 7ª, 8ª, 10ª, 11ª, 12ª e 15ª Compagnia sferrarono un secondo attacco diretto a valutare l'entità delle forze avversarie posizionate sul Canale Valletta. L'esito non fu però dei migliori e i partigiani registrarono perdite tutt'altro che trascurabili: 12 feriti e 3 caduti. Il nemico stava comunque per ripiegare e così il 21 aprile la 1ª e la 6ª Compagnia poterono liberare Comacchio. Contemporaneamente la 10ª e la 11ª Compagnia rastrellarono Porto Garibaldi, mentre la 2ª, la 3ª, la 9ª e la 12ª Compagnia procedettero all'occupazione della località di San Giuseppe (Comacchio). Nella notte tra il 21 e il 22 aprile 1945 la brigata era schierata come segue:

- presso la casetta oltre San Giuseppe si trovava la 9ª Compagnia, a San Giuseppe, e precisamente a "Casa Luogaccio", erano dislocate la 2ª, la 3ª e la 12ª Compagnia;
- alla villa situata a sud di San Giuseppe vi era la 5ª Compagnia," a "Casa Scacchi" e a "Luogo Grande stazionavano la 13ª e la 14ª Compagnia;
- a "Casa Belvedere" era sistemata la 7ª Compagnia; a "Villa Bellini" (Porto Garibaldi) erano acquartierate la 10ª e la 11ª Compagnia;
- a Comacchio, erano appostate la 1ª e la 6ª Compagnia che avevano liberato la città;
- il comando operativo, la Compagnia Comando e gli autieri, la 4ª, l'8ª e la 15ª Compagnia erano invece di riserva a "Casa Vecchia" e a "Casa Nuova", a sud del Canale Valletta.

Nella giornata del 22 aprile la formazione garibaldina riprese ad avanzare. Quasi tutte le compagnie si concentrarono a San Giuseppe con gli automezzi, altri elementi della Brigata proseguirono per Lagosanto (FE). Il 23 aprile pattuglie della *"Gordini"* liberarono Pomposa (FE) senza colpo ferire. In tale località e negli immediati dintorni, a tarda sera, erano sistemate la 2ª, la 3ª, la 4ª, la 5ª, la 7ª, la 10ª, l'11ª e la 12ª Compagnia. Alle ore 18:00 iniziò l'attraversamento del Po di Volano. L'8ª, la 9ª, la 13ª, la 14ª e la 15ª Compagnia unitamente alla Compagnia Comando e al comando erano accantonate a Passo di Pomposa. La 1ª e la 6ª Compagnia erano accampate a Codigoro (FE). Il V Corpo d'Armata britannico ordinò quindi alla 28ª Brigata Garibaldi di incalzare il nemico in ritirata e liberare Mesola (FE), Loreo (RO) e Chioggia (VE). Per coordinare al meglio l'avanzata fu decisa la costituzione di 4 colonne, composte come segue:

- 1ª colonna con 2ª, 3ª e 10ª Compagnia;
- 2ª colonna con 4ª, 5ª e 12ª Compagnia;
- 3ª colonna con 7ª, 9ª e 11ª Compagnia;
- 4ª colonna con 1ª, 6ª e 13ª Compagnia.

L' 8ª, la 14ª e la 15ª Compagnia rimasero a disposizione assieme al comando e ai servizi. Complessivamente, dal 21 al 23 aprile la *"Gordini"* catturò 41 prigionieri (22 calmucchi arruolati nei reparti tedeschi e 19 militari dell'esercito fascista repubblicano). I garibaldini tornarono alle dipendenze del Gruppo di Combattimento *"Cremona"*, operando sulla destra della formazione italiana cobelligerante. In quel momento la brigata comprendeva 612 partigiani e agiva come un vero e proprio battaglione di Fanteria di linea. Dopo aver raggiunto rapidamente Mesola il 24 aprile, l'attraversamento del Po di Goro avvenne con il ricorso a mezzi improvvisati. Sotto la data del 25 aprile 1945 il totale dei militari nemici catturati dalla brigata agli ordini di Arrigo Boldrini ammontava a 268 uomini.
Il Fiume Po fu raggiunto e superato a Taglio di Po (RO), sempre con mezzi di fortuna. La 1ª colonna venne destinata al rastrellamento della zona liberata tramite l'effettuazione di perlustrazioni in direzione di Polesella (RO), del Po di Gnocca e del Po di Venezia. La 2ª colonna fu incaricata di liberare Contarina e Donada[41] e di attestarsi in seguito sul Po di Levante[42], la 3ª colonna doveva prendere Loreo. Il nemico sembrava completamente allo sbando e durante la marcia i garibaldini si imbatterono più volte in mezzi bruciati, armamenti abbandonati, cadaveri e carcasse di animali.

---

41 A partire dal 1° gennaio 1995 il Comune di Contarina è stato unito a quello di Donada per formare nuovamente il Comune di Porto Viro, soppresso il 10 febbraio 1938.

42 Il Po di Levante fu un antico ramo del Delta del Fiume Po. Oggi costituisce l'ultimo tratto dell'idrovia Fissero-Tartaro-Canalbianco che collega Mantova al Mare Adriatico.

Il 27 aprile il generale Clemente Primieri, comandante del Gruppo di Combattimento *"Cremona"*, ordinò alla Brigata *"Gordini"* di mantenere il contatto con le forze nemiche in rotta e di tentare il passaggio dell'Adige. Il superamento del fiume, in quel momento in piena, si rivelò difficoltoso e fu reso possibile unicamente grazie all'aiuto della popolazione locale che collaborando con i partigiani riuscì ad allestire imbarcazioni di circostanza in grado di sopportare anche il peso degli automezzi. La 1ª colonna aveva come obiettivo Chioggia e Sottomarina (VE) mentre la 2ª e la 4ª colonna avevano il compito di arrestare il ripiegamento della guarnigione tedesca di Chioggia, forte di un migliaio di uomini, raccogliendosi nel pomeriggio del 28 aprile 1945 lungo gli argini destri del Fiume Brenta e del Torrente Bacchiglione. Alla 3ª colonna spettava infine vigilare sul territorio che si estendeva da San Pietro di Cavarzere (VE) fino allo scolo Brentone Vecchio (Chioggia) e schierarsi lungo il Fiume Brenta. Alle ore 22:00 i tedeschi, tramite i patrioti della zona, comunicarono di volersi arrendere. Sempre aiutati dai civili, il 29 aprile i garibaldini superarono il Brenta. Insieme alla Brigata *"Gordini"*, passarono il fiume unità commandos britanniche e aliquote del 22° Reggimento di Fanteria. In base a quanto concordato insieme al generale Zanussi, vicecomandante del Gruppo di Combattimento *"Cremona"*, la Brigata fece ingresso a Codevigo (PD) nel pomeriggio. In conformità agli ordini, l'unità partigiana si accantonò nella cittadina che rappresentava lo sbocco sulla laguna della provincia patavina.

▲ Stretta di mano tra Arrigo Boldrini, comandante della 28ª Brigata Garibaldi *"Mario Gordini"* e il generale Charles Keightley, comandante del V Corpo d'Armata britannico presso il quartier generale partigiano. È il 7 marzo 1945.

▲ Il generale Keightley parla con Boldrini in occasione della sua visita al quartier generale della 28ª Brigata Garibaldi.

▼ Il generale Charles Keightley conversa con Arrigo Boldrini.

▲ Keightley e Boldrini ispezionano un avamposto della Brigata *"Gordini"* lungo il Fiume Reno (7 marzo 1945).
▼ Arrigo Boldrini e il generale Keightley osservano la linea del fronte e le posizioni del nemico da una postazione avanzata lungo il fiume Reno.

▲ Il Primo Ministro Ivanoe Bonomi e il Ministro della Guerra Alfonso Casati visitano il quartier generale della 28ª Brigata Garibaldi. Alla loro sinistra c'è Arrigo Boldrini. È il 10 marzo 1945.

▼ Un partigiano della Brigata *"Gordini"* mostra lo schieramento dell'unità sulla linea del fronte a Ivanoe Bonomi.

▲ Il Presidente del Consiglio Bonomi posa con i partigiani della 28ª Brigata Garibaldi.

▼ Ivanoe Bonomi e Arrigo Boldrini si avviano per effettuare un'ispezione alle posizioni tenute dalla Brigata *"Gordini"*.

▲ In questa fotografia appaiono da sinistra a destra Arrigo Boldrini (*Bülow*), il tenente colonnello Smuts dell'8ª Armata britannica, Edmondo Golinelli (*Libero*), comandante del I Battaglione della 36ª Brigata Garibaldi *"Alessandro Bianconcini"* e il colonnello del Regio Esercito Riccardo Esclapon di Villanova, capo nucleo del Servizio Informazioni Militari presso i britannici.

▼ Il comandante delle forze alleate in Italia, maresciallo Harold Alexander, passa in rassegna un reparto della 28ª Brigata Garibaldi *"Gordini"* il 6 aprile 1945. Si noti la varietà delle armi nelle mani dei partigiani: nella fotografia appaiono due mitragliatrici tedesche (probabilmente delle MG 34), pistole mitragliatrici Sten e Thompson, un fucile Lee Enfield N° 1 Mk IV e un Moschetto Automatico Beretta.

▲ Una rara immagine di automezzi in dotazione alla 28ª Brigata Garibaldi. Si notino in particolare tre autocarri Bedford OYD (3 ton). Codevigo (PD), maggio 1945.

▼ Il personale medico aggregato al comando di Brigata, costituito da italiani e britannici. In questa immagine si riconoscono Carlo Badiali (terzo da sinistra), responsabile del Servizio Sanitario, il capitano medico Wean (quarto da sinistra) e Remo Camerani (quinto da sinistra), Capo Servizio Sanitario al fronte. Dietro ai sanitari si intravedono due ambulanze leggere Humber FWD. Pomposa (FE), aprile 1945.

▲ Un'altra fotografia, scattata a Pomposa (FE) a fine aprile 1945, raffigurante membri del Servizio Sanitario di Brigata.

FINE DELLE OPERAZIONI E SCIOGLIMENTO DELLA BRIGATA

Con la conclusione delle operazioni militari, fu inoltrato agli Alleati un parere concernente la smobilitazione della formazione: la cerimonia sarebbe stata celebrata a Ravenna alla presenza di un alto rappresentante del Corpo Volontari della Libertà (organismo dal quale la Brigata dipendeva) e del Ministro dell'Italia occupata Mauro Scoccimarro. I garibaldini avrebbero ricevuto un premio in denaro e un attestato rilasciato dall'8ª Armata britannica e la bandiera di guerra della *"Gordini"* sarebbe stata proposta per un'onorificenza militare italiana[43].

Tra le richieste avanzate vi era anche quella riguardante la concessione di un aiuto concreto alle famiglie dei caduti e dei feriti[44]. Boldrini rammenta che nella zona di Codevigo i rapporti con alcune autorità religiose non si dimostrarono dei migliori a causa di un'attiva propaganda antipartigiana volta a indurre la popolazione a non familiarizzare con i garibaldini.

Più preoccupante si rivelò invece la persecuzione messa in atto a ostilità conclude nei confronti dei militari della Repubblica Sociale Italiana e dei civili di orientamento fascista[45]. Il comandante della 28ª Brigata Garibaldi espresse l'impossibilità di reprimere il fenomeno, ravvisandone la causa scatenante nella feroce condotta nazifascista durante gli anni di occupazione. Il comando della *"Gordini"*[46], secondo Boldrini, non poteva far altro che raccomandare l'autodisciplina ai propri uomini, contando sulla collaborazione delle formazioni partigiane operanti nella regione, nell'ottica di una piena responsabilità politica e morale. Le enormi tensioni, scaturite da quel clima di resa dei conti che costituisce la tragica conseguenza di ogni conflitto caratterizzato da scontri fratricidi, furono esacerbate anche da vicende strettamente personali che sfociarono in vere e proprie vendette.

Le esecuzioni che si svolsero da fine aprile a giugno inoltrato del 1945, un periodo certamente più ampio di quello della permanenza della *"Gordini"* in loco, causarono 136 vittime. È importante sottolineare che l'area in cui avvennero gli eccidi non sarebbe limitata a Codevigo e dintorni. Le uccisioni di civili e militari fascisti ritenuti responsabili di gravissime azioni repressive nei riguardi di popolazioni e patrioti, sarebbero state commesse da elementi di varia provenienza e non solo da quei combattenti che operarono autonomamente e contrariamente alle direttive dei vertici del Gruppo di Combattimento *"Cremona"* e della 28ª Brigata Garibaldi[47].

---

[43] La Brigata partigiana ravennate *"Mario Gordini"*, sarà infatti insignita di Medaglia d'Argento al Valor Militare. Questa la motivazione: *"Da prima nella lotta clandestina, alle dipendenze di unità alleate poi, ed infine a fianco ed in stretta collaborazione con una Grande Unità del nostro rinnovato esercito, ispirandosi alle più pure tradizioni del Risorgimento e del volontarismo garibaldino, ha lottato contro il tedesco nemico tradizionale, ed ha vinto per la libertà e la ricostruzione dell'Italia."* Ravenna - Paludi di Comacchio - Fiume Brenta, 15 settembre 1943 - 30 aprile 1945.

[44] Complessivamente la 28ª Brigata Garibaldi *"Mario Gordini"* ebbe 187 perdite (una delle stime più accreditate cita 44 morti e 143 feriti).

[45] Arrigo Boldrini, *Diario di Bulow*, op. cit., p. 280.

[46] Al termine delle operazioni il comando della *"Gordini"* risultava così costituito:
- Comandante di Brigata: Arrigo Boldrini
- Vicecomandanti di Brigata: Ateo Minghelli e Mario Verlicchi
- Capo di Stato Maggiore: Pellegrino Montanari
- Commissario: Gino Gatta
- Commissario aggiunto: Ennio Cervellati
- Vicecommissario: Tino Ghiselli
- Capo servizio sanitario al fronte: Remo Camerani
- Responsabile del servizio sanitario: Carlo Badiali.

[47] La Magistratura di Padova si occupò dei fatti di Codevigo in numerosi procedimenti. Furono giudicati e assolti anche 4 partigiani della 28ª Brigata Garibaldi. Nei confronti dei vertici della *"Gordini"* e del *"Cremona"* non furono mai intentati procedimenti penali poiché gli eventi si svolsero contro gli ordini da loro emanati e a loro insaputa.

Tra coloro che furono prelevati e giustiziati vi erano individui provenienti dalla provincia ravennate. Ciò ha indotto a ritenere che gli autori dei massacri provenissero dalle medesime zone delle loro vittime. Al di là della loro effettiva affiliazione, i carnefici avrebbero pertanto agito per deduzione o per conoscenza diretta.

Il tema, sicuramente impervio, è tuttora motivo di aspro dibattito. Si tratta di un argomento affrontabile con estrema cautela poiché in simili casi la ricerca della verità è sovente suscettibile di essere ostacolata dalla parziale conoscenza degli accadimenti, dai pregiudizi di carattere politico e dalla conseguente tentazione di strumentalizzare i fatti, nell'uno o nell'altro senso.

Il 15 maggio 1945 si tenne ad Adria (RO), nella sede del comando del Gruppo di Combattimento *"Cremona"*, un incontro tra gli ufficiali italiani e i vertici della *"Gordini"*, al quale partecipò anche Umberto di Savoia. Il luogotenente del Regno esortò i comandanti garibaldini ad esprimere le proprie opinioni in merito al ruolo esercitato dalla monarchia nella Guerra di Liberazione, un invito che fu raccolto con estrema franchezza.

Afferma Arrigo Boldrini: *"Dunque, il comando del Gruppo di Combattimento Cremona stava ad Adria. Il generale Primieri organizzò un pranzo col principe ereditario e invitò anche noi della 28ª. Noi dal fronte arrivammo un po' in ritardo, avevamo la jeep che non andava bene. Io capitai a sedere proprio di fronte a Umberto, e a tavola si aprì questa conversazione molto simpatica e cordiale. E a un certo punto Umberto di Savoia mi disse «Ma lei cosa avrebbe fatto al posto mio, l'8 settembre?». Io risposi subito: «Maestà, io mi sarei fatto paracadutare al Nord». E lui rispose con pacatezza, abbassando un po' la voce: «Sa, mio padre non ha voluto». Quasi una confessione. Ti immagini, i generali monarchici Primieri e Zanussi! Mi guardavano con odio! Incredibile! Perché avendogli detto quella cosa lo avevo, a Umberto, come rattristato. Poi capii che loro erano rimasti male per la risposta del re, che avrebbe potuto dire magari «Gli Alleati non hanno voluto», una ragione politica insomma, invece disse la verità, che era stato il padre. E meno male! Ti immagini se fosse stato mandato al Nord a fare la Resistenza! Magari la monarchia nemmeno cadeva!"*[48].

A Piove di Sacco (PD), alle ore 9:00 del 16 maggio 1945 i garibaldini della 28ª Brigata e i soldati del 21° Reggimento di Fanteria si apprestarono ad essere passati in rivista da Umberto II di Savoia e da alti ufficiali, alleati e del Gruppo di Combattimento *"Cremona"*, i quali nutrivano qualche timore, forse eccessivo, per l'incolumità del Luogotenente del Regno: i partigiani avrebbero potuto dimostrarsi ostili, poiché contrari alla monarchia. All'arrivo dell'erede al trono non appena risuonarono le note della *Marcia Reale*, partirono insulti e fischi di disapprovazione. Da una parte delle truppe schierate si sentì cantare a squarciagola una canzone antimonarchica, *Già trema la casa Savoia*[49]. Avvenne il finimondo, gli ufficiali britannici e italiani cercarono di proteggere Umberto ma non successe niente. Le vigorose proteste erano state vibrate dai fanti del *"Cremona"*. I partigiani della *"Gordini"*, invece, eseguirono alla perfezione gli ordini impartiti e presentarono inappuntabili le armi.

L'insubordinazione dei "cremonini", tra le cui file, va ricordato, vi erano molti ex partigiani, non fu innescata in alcun modo dai responsabili politici garibaldini. Boldrini e i vertici della *"Gordini"* avevano compreso che la visita di Umberto non aveva malcelati intenti propagandistici ma avrebbe potuto, al contrario, rappresentare una straordinaria occasione per esprimere un dovuto riconoscimento degli sforzi compiuti dai combattenti italiani, sia militari del Regio Esercito sia partigiani, per liberare il paese. La decisione sulla data ufficiale per procedere alla smobilitazione della formazione fu definitivamente presa nei giorni immediatamente successivi alla visita del principe. I veicoli in dotazione furono destinati all'organizzazione di una cooperativa di autotrasporti, comprese le Jeep,

---

48 Cesare De Simone, *Gli anni di Bulow*, Mursia, Milano 1996.

49 Questo canto, forse meglio conosciuto con il titolo *"A morte la Casa Savoia"*, recita in una delle sue versioni più diffuse così: *"A morte la Casa Savoia / Bagnata da un'onta di sangue / Si sveglia il popol che langue / Si sveglia il popol che langue / O ladri del nostro sudore / Nel mondo siam tutti fratelli / Noi siamo le schiere ribelli / Sorgiamo che giunta è la fin / A morte il Re e il principin! / A morte il Re e il principin!"*

ricevute in dono da Boldrini da parte dei comandi superiori. Consegnate le armi presso i depositi indicati dagli Alleati, il 20 maggio 1945 in Piazza Marconi a Ravenna fu celebrato lo scioglimento della 28ª Brigata Garibaldi *"Mario Gordini"*.

▲ Un'immagine della 7ª Compagnia della Brigata *"Gordini"*.

▲ Garibaldini dell'8ª Compagnia della Brigata *"Gordini"*. Vi è discreta varietà nel vestiario, molti indossano capi estivi ma quasi tutti portano il copricapo britannico *"General Service Cap"* corredato di coccarda tricolore.

▼ La 14ª Compagnia della 28ª Brigata Garibaldi. Gli uomini indossano le tipiche divise britanniche.

▲ Membri della 10ª Compagnia, Brigata *"Mario Gordini"*. Il secondo partigiano in piedi da destra indossa un cinturone tedesco.

▼ Partigiani e partigiane della Brigata *"Gordini"*.

▲ Elementi dell'8ª Compagnia della 28ª Brigata Garibaldi.

▼ La 13ª Compagnia della Brigata *"Gordini"*.

▲ La 6ª Compagnia ritratta a Codevigo (PD) nel maggio del 1945. A destra, in piedi, con i pantaloni corti, il comandante Silvano Zaccaria che aveva rimpiazzato Cristoforo Bendazzi, caduto il 28 aprile 1945.

▼ Partigiani della 10ª Compagnia della *"Gordini"*.

▲ Gino Gatta, Arrigo Boldrini ed Ennio Cervellati ritratti sul balcone di un edificio a Conselice (RA) il 17 aprile 1945.

▲ Un altro scatto raffigurante Gatta, Boldrini e Cervellati a Conselice.

▲ A destra, Cristoforo Bendazzi, comandante della 6ª Compagnia annegato nel Brenta mentre tentava di prestare soccorso ad alcuni militari britannici. A sinistra, il partigiano Enzo Pasi.

▼ Arrigo Boldrini tiene un discorso a Conselice il 17 aprile 1945. Insieme a lui ci sono Ennio Cervellati e tre donne, staffette partigiane.

▲ Un autocarro FIAT 666 della Brigata *"Gordini"* carico di partigiani. Degna di nota l'insegna della formazione dipinta sulla parte anteriore sinistra della cabina.

▼ Motociclisti della 28ª Brigata Garibaldi.

▲ Motociclette e autoveicoli in dotazione alla Brigata *"Gordini"*. Si noti, al centro della fotografia, la presenza di una *Kübelwagen* tedesca probabilmente predata al nemico.

▼ Autocarri della *"Gordini"*. Una grossa stella è stata fissata anteriormente sull'autocarro in primo piano.

▲ La colonna motorizzata garibaldina, con una Jeep in testa, sfila a Ravenna il 20 maggio 1945.

▼ Un motociclista della Brigata *"Gordini"*. La motocicletta è probabilmente una Triumph 3HW. Ravenna, 20 maggio 1945.

▲ Due partigiani motociclisti della 28ª Brigata Garibaldi immortalati il giorno della smobilitazione del reparto. Quello a destra è Pietro Cesti, già pilota di caccia nella Regia Aeronautica, commissario politico della 5ª Compagnia.

▼ Partigiani e autorità civili sul balcone del palazzo municipale di Ravenna.

▲ Il banchetto organizzato in occasione della smobilitazione della *"Gordini"*. Ravenna, 20 maggio 1945.

▲ Due patrioti della *"Mario Gordini"* prendono parte al banchetto organizzato dall'Unione Donne Italiane. Ravenna, 20 maggio 1945.

▲ Un partigiano armato con fucile mitragliatore Bren ritratto il giorno della smobilitazione della brigata a Ravenna.

▼ Umberto di Savoia incontra la popolazione a Codevigo.

▲ Sfilata dei partigiani della 28ª Brigata Garibaldi a Ravenna. Il secondo uomo da sinistra è Alberto Bardi (*Falco*), comandante della formazione dal mese di giugno al mese di dicembre del 1944.

▼ Il partigiano raffigurato a sinistra in primo piano è Mario Giacomoni (*Portos*), commissario politico della 3ª Compagnia. Ravenna, 20 maggio 1945.

▲ Autocarro Isotta Fraschini D65 della 28ª Brigata Garibaldi. L'insegna dell'unità, costituita dall'effigie di Giuseppe Garibaldi su fondo bianco compreso tra due strisce verticali, una verde e l'altra rossa, è apposta anteriormente al mezzo.

▲ Partigiani della *"Gordini"* ritratti a Ravenna durante la cerimonia di smobilitazione della Brigata.

▼ Un gruppo di partigiani della 28ª Brigata Garibaldi sfila a Ravenna il 20 maggio 1945.

▲ Portabandiera della 28ª Brigata Garibaldi. Questa foto è stata scattata a Torino il 4 novembre 1945, in occasione del conferimento della Medaglia d'Argento al Valor Militare alla bandiera della *"Gordini"*.

▲ Sfilata dei partigiani della 28ª Brigata Garibaldi a Ravenna.

▼ Da sinistra a destra su questa Jeep della *"Gordini"* è possibile riconoscere importanti componenti del comando di brigata: il commissario politico Gino Gatta (*Zalet*), il commissario aggiunto Ennio Cervellati (*Silvio*) e Florio Rossi (*Galvani*), responsabile del servizio informazioni. Arrigo Boldrini è seduto a fianco del conducente. Sulla parte inferiore sinistra del telaio del parabrezza del veicolo è visibile l'effigie di Garibaldi su fondo chiaro.

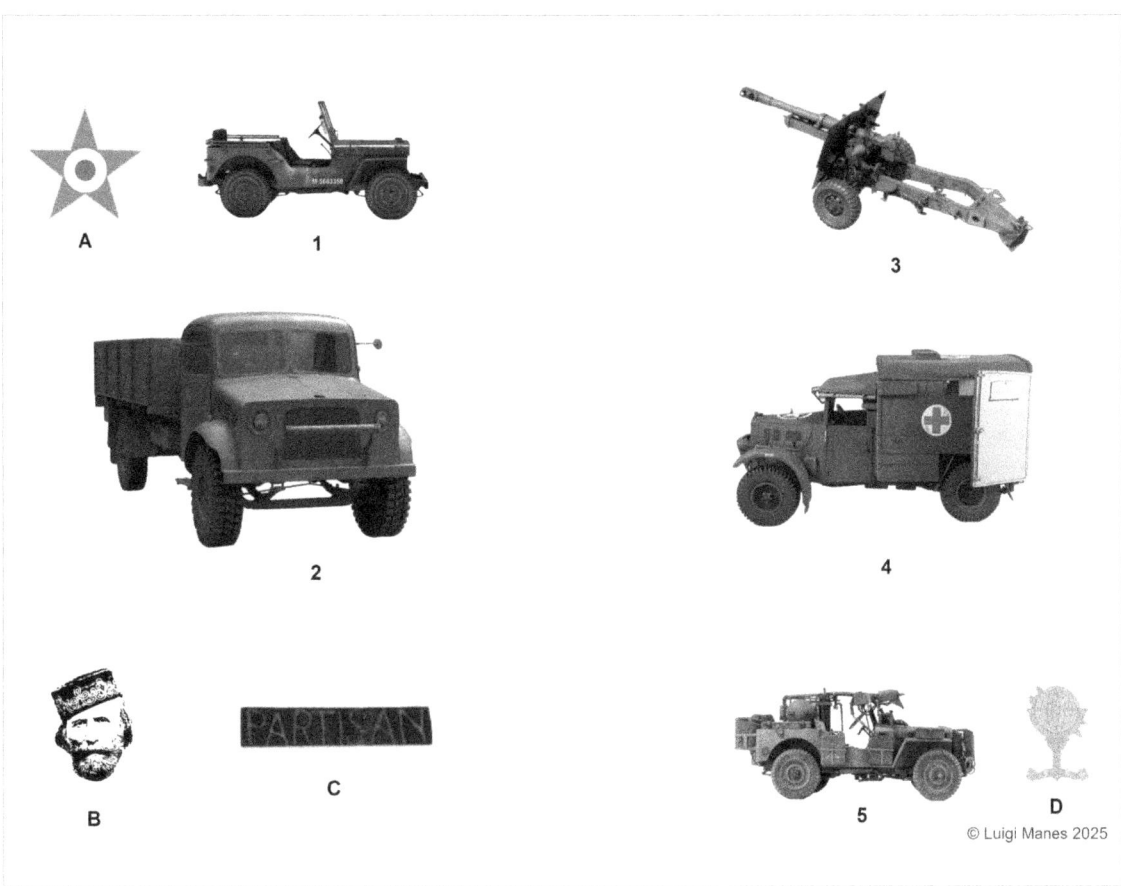

A: Distintivo partigiano costituito da una stella tricolore bordata di giallo adottato dalle formazioni garibaldine.

B: Effigie di Giuseppe Garibaldi applicata frontalmente su alcuni veicoli della Brigata *"Gordini"*.

C: Mostrina da spalla per le uniformi britanniche distribuite alla 28ª Brigata Garibaldi.

D: Fregio per copricapo del *Popski's Private Army*. Talvolta, riprodotto in maniera stilizzata, era anche presente sugli automezzi dell'unità.

1: Jeep impiegata dallo Stato Maggiore della 28ª Brigata Garibaldi. Le ultime due cifre del *War Department number* sono fittizie.

2: Autocarro Bedford OYD (3 ton) impiegato dalla 28ª Brigata Garibaldi.

3: Cannone britannico da 25 libbre (da 88/27). Pezzi di questo tipo armavano quattro dei sei gruppi del 7° Reggimento Artiglieria inquadrato nel Gruppo di Combattimento *"Cremona"*.

4: Ambulanza leggera Humber FWD in dotazione al servizio di Sanità presso il comando della Brigata *"Gordini"* nell'aprile del 1945.

5: Jeep munita di lanciafiamme Wasp Mk II sperimentata in Italia dal *Popski's Private Army*.

BIBLIOGRAFIA

- Battaglia Roberto, *"Storia della Resistenza Italiana"*, Einaudi, Torino, 1953.
- Bocca Giorgio, *"Storia dell'Italia Partigiana - Settembre 1943 – Maggio 1945"*, Mondadori, Milano, 1995.
- Boldrini Arrigo *"Diario di Bulow - Pagine di lotta partigiana 1943 – 1945"*, Vangelista, Milano, 1985.
- Casadio Gianfranco e Cantarelli Rossella, *"La Resistenza nel Ravennate"*, Edizioni Del Girasole, Ravenna, 1980.
- Crippa Paolo e Luigi Manes, *"I Mezzi delle Unità Cobelligeranti"*, Mattioli 1885, Fidenza (PR), 2018.
- De Simone Cesare, *"Gli Anni di Bulow"*, Mursia, Milano, 1996.
- Giadresco Gianni, *"Guerra in Romagna 1943 – 1945"*, Il Monogramma, Ravenna, 2004.
- Giadresco Gianni, *"La Battaglia di Ravenna"*, Editori Riuniti, Roma, 1964.
- Klinkhammer Lutz, *"L'Occupazione Tedesca in Italia - 1944 – 45"*, Bollati Boringhieri, Torino, 1993.
- Masetti Giuseppe e Antonio Panaino (a cura di), *"Parola d'ordine Teodora"*, Longo, Ravenna, 2005.
- Meluschi Antonio (a cura di), *"Epopea Partigiana"*, SPER, Bologna, 1947.
- Montali Edmondo, *"Il Comandante Bulow - Arrigo Boldrini partigiano, politico, parlamentare"*, Futura Editrice, Roma, 2016.
- Nozzoli Guido, *"Quelli di Bulow - Cronache della 28ª Brigata Garibaldi"*, Editori Riuniti, Roma, 1957.
- Peniakoff Wladimir, *"Corsari in Jeep"*, Garzanti, Milano, 1951.
- Rendina Massimo, *"Italia 1943/1945 - Guerra Civile o Resistenza?"*, Newton & Compton, Roma, 1994.

TITOLI GIÀ PUBBLICATI - TITLES ALREADY PUBLISHING

BOOKS TO COLLECT

www.ingramcontent.com/pod-product-compliance
Ingram Content Group UK Ltd.
Pitfield, Milton Keynes, MK11 3LW, UK
UKHW060216240426
12048UKWH00030BB/1688